U0503265

中國傳統

佛菩薩畫像大典

伍

觀音卷二

釋心德　編繪

文物出版社

序　　言

觀世音菩薩的源流

1.觀世音菩薩的由來

在釋迦牟尼佛宣講的《觀世音菩薩授記經》中記載："昔金光獅子游戲如來國，彼國中無有女人。王名威德，於園中入三昧，左右二蓮花童子，左名寶意，即是觀世音；右名寶尚，即是大勢至。"

那是在另一個遥遠的劫世裏有一佛國名叫"金光獅子游戲國"，有一位威德法王，以佛法治理全國，因而成佛，他的佛號就是如今的阿彌陀佛。有一天，威德法王正在園中坐禪入定，在左右兩旁地上，突然生出兩朵蓮花，蓮花上化生了兩個童子，他們正在蓮花中打坐，一個叫寶意童子，一個叫寶尚童子。威德法王很驚訝，他們用偈語對話，後來，他們二人與威德法王一起前往佛陀處請法。童子問佛説："供養什么最勝妙？"佛陀回答："發菩提心，廣濟衆生，迴向菩提，是最勝福。"於是，二人發菩提大願，救苦衆生。寶意童子成了觀世音菩薩，寶尚童子就成了大勢至菩薩，成了阿彌陀佛的繼承人。阿彌陀佛涅槃后，觀世音菩薩就在七寶菩提樹下成佛，佛號名叫"普光功德山王如來"，他的佛國號稱"衆寶"。

在《千手千眼無礙大悲心陀羅尼經》中，觀世音在普陀洛迦山的觀音寶殿，向諸佛菩薩宣説大悲心陀羅尼咒的來歷時説到了自己的身世：説自己是遠古時期一位名叫"千光王静住如來"的弟子，這位佛因憐憫觀世音和一切衆生的緣故，向他宣講廣大圓滿無礙的《大悲心陀羅尼》，并以金色手摩按他的頭頂，説道："汝當持此心咒，普爲當來惡世一切衆生作大利樂。"當下自己就發願："若我真能如願，利益一切衆生的話，那就讓我現在能生出具足的千手千眼。"他的願才發完，就生出具足千手千眼，同時十方衆佛都放光普照在他身上……從那時起，觀世音就常常持誦此咒。

釋迦牟尼佛也宣説：這個菩薩名叫"觀自在菩薩"，又叫"燃索"，另一名叫"千光眼"。過去無量劫中，早已成佛，佛號"正法明如來"。

2."觀世音"這個名號是怎樣産生的

"觀世音"這個譯名最早出現在公元三世紀由印度僧人康僧鎧翻譯的經典《佛説無量壽經》中。得到重視和肯定還是在公元五世紀由鳩摩羅什法師所翻譯的《妙法蓮華經·觀世音菩薩普門品》中體現的。經中説："觀世音菩薩以何因緣名'觀世音'？佛告無盡意菩薩，'善男子，若有無量百千萬億衆生，受諸苦惱，聞是觀世音菩薩，一心稱名，觀世音菩薩即時觀其音聲，皆得解脱'。"觀世音菩薩大慈大悲，拯救一切苦難衆生，故全稱"大慈大悲救苦救難觀世音菩薩"，因爲避唐太宗世民諱，略去"世"字，簡稱"觀音""大悲"，沿用至今。

"觀世音"還被譯爲"光世音"，是由精通三十六國文字的月氏大僧竺法護所譯。但是世人還是經常稱呼"觀世音"這個名號。其實早在公元二世紀的漢譯經典《成具光明定意經》中就出現了"觀音"二字，但是直到後來出現的漢譯經典《悲華經》《華嚴經》《觀世音菩薩授記經》時才使用"觀音"和"觀世音"兩個名號。

佛菩薩的名號也代表着他們特有的德行與相貌，藥師佛以醫藥救度衆生得名，地藏菩薩則是因爲在過去世中以“衆生度盡，方證菩提，地獄未空，誓不成佛”爲誓願得名。而觀世音是一位救苦救難“度一切苦厄”的慈悲菩薩，觀塵世苦難衆生的呼救聲，而前往救度。遇到種種灾難苦惱，只要發聲呼救稱念“觀世音”，就能得到他神通法力的救助。這是他深得人心的主要原因，在《普門品》與《悲華經·大施品授記品》中都得到宣説。

觀世音菩薩尋聲救苦，聲音不用聽而是去“觀”，此屬於佛教所説的“六根互用”。六根，即眼、耳、鼻、舌、身、意六種感官及其功能。當佛菩薩修到一定的境界，就可以到達六根互用的高等境界，也就是任何一根都能替代其他諸根作用。《涅槃經》稱：“如來一根則能見色、聞聲、嗅香、别味、知法，一根現爾，餘根亦然。”

“觀世音”還有一個深刻的涵義，即代表每個人心靈最深處的“内在覺性”，也可以説是“佛性”。觀世音不但來觀你的音，還要讓每個人觀自己的音，和衆生密切聯繫在一起。

3.觀世音菩薩的聖容寶相

《佛説觀無量壽佛經》中，釋迦牟尼佛講述仰看觀世音的聖容時，給我們留下這樣的意象：觀世音菩薩身高有八十萬億那由他由旬；膚色成紫金色；頭頂有肉髻；天冠是以毗楞伽摩尼寶珠製成的天冠，天冠中有站立的化身佛，身高二十五由旬；頸項有圓光，圓光中有五百化身佛，如釋迦牟尼佛，五百化身佛有五百化身菩薩隨侍；面容有百千由旬；眉間毫毛成七寶顔色，并放射出八萬四千種光芒，每一光芒中有無數的化身佛、化身菩薩，遍滿十方世界；手臂像紅蓮色，有八十億微妙光明作爲瓔珞，在瓔珞中普現一切莊嚴故事；手掌有五百億朵蓮花色；十指每一指端有八萬四千畫，猶如印紋，每一幅畫有八萬四千顔色，每一顔色有八萬四千光芒，光芒柔和，普照一切世界，菩薩以此寶手接引衆生；舉脚時，脚底有千輻輪相，自然化成五百億光明臺，以托着脚，放下脚行走時，有金剛摩尼花布散在地上，彌漫四處；其餘身相圓滿美好，與佛身一般無異，惟有頂上的肉髻和無見頂相，這相高不及佛陀世尊。這就是觀世音菩薩莊嚴威儀的聖容寶相。

4.觀世音菩薩在中國歷代的形相變化

隨着時代的變遷，觀音菩薩或畫或雕塑的具體形象，不斷發生着微妙的變化，既有當時的政治、經濟、文化生活的深刻印記，又集中了中國民間的無窮智慧，反映了中國民間的思想感情和審美要求。

兩漢末年佛教東漸，佛教的造型藝術傳入中國，觀音的造像開始産生。到了北魏，公元四九四年，北魏孝文帝改漢製，遷都洛陽，官場禮儀、服飾一律漢化。中原的瘦骨清相之風成爲佛教造像藝術的主導。觀音的面相從豊潤變爲清瘦，長頸削肩、身材修長、嘴角上翹、衣裙飄逸。衣服一般不再是斜披式，而是以寬大的披巾遮肩，不露肌膚。

到了隋代，觀音不再有北魏時期的瘦骨清相和瀟灑飄逸的風度，臉型變得方且厚重，身姿拙重粗樸。那時，無論是壁畫還是石窟造像，觀音的形象已顯示出慈悲的風格。所謂慈是給人以快樂，所謂悲是解除人們的痛苦。這個時期逐漸出現了大量單獨的觀世音的造像，由此可知，觀世音信仰已開始從正統的佛教體係中游離開來，成爲一個相對獨立的信仰係統。

在唐代，佛教信仰和佛教藝術得到普及。觀音的形象開始利用泥塑彩繪的方法，使觀音菩薩更人間化，更富人情味，觀音形象開始向世俗化發展，無論是男相還是無性相的觀音，都已顯示出女性端倪。初唐時期敦煌第三二八窟的觀音菩薩像，充分運用了泥塑彩繪的特長，使肌膚、衣裙、佩飾都極富質感。菩薩形象端莊，氣質高貴典雅，雖仍然爲男相，但已充滿陰柔之美。

宋代以來，理學之風盛行，但思想的禁錮却似乎在觀音造像上有更多的反映。那時，觀音形象較唐代更加世俗化，得以流傳的觀音形象多以普通人的表情姿態傳神。宋代的觀音造像在藝術上達到了一個新的不可逾越的高峰，位於重慶大足轉輪經藏窟的數珠觀音，在宋代觀音造像中極富代表性。

遼金時期，因戰亂頻繁，民族衝突和交流十分頻仍，這個時期觀音造像的最大突破是在各個地區都出現了密教式樣的造像。與宋代并存的幾個少數民族政權，如回鶻、高昌、遼、西夏、金、大理等，更是留下了大量密教造型的觀音。此時的觀音形象具有唐代影響的遺迹，同時又具有北方民族的臉部和身體特征。

元、明、清及近代以來，元代提倡宗教多元化，及至明、清，民間的觀音信仰已徹底世俗化和程式化。這幾個朝代將唐代開始出現的獨立的觀音題材發揮到極致，出現了大量的"水月觀音""送子觀音""自在觀音"等觀音變身的形象。觀音的法器如柳枝、净瓶等也開始伴隨觀音大量出現，觀音已變成中國的民間神祇。這幾個朝代觀音造像的形式和材料極多樣化，不再僅僅以大型雕塑或繪畫的形式出現，而且出現了大量民間製造，適宜民間信仰的小石雕、玉雕、金胡小雕像、年畫、剪紙，等等。這幾個朝代的觀音造像大多衣着簡單如同女尼，形象也多爲當地的中年婦女，沉靜安詳文秀的品味成爲主要的審美風範。

5.觀音的宫殿

"布達拉"是梵文"普陀洛迦"的音譯，意爲"持舟山"，藏族人稱它爲"孜布達拉"或簡稱"孜"，即宫殿之意。藏族有句諺語稱：布達拉，佛之樂園，觀世音的宫殿。

最早的布達拉宫是松贊干布王在公元五八一年左右建造的。當時的宫殿不像現在這般宏偉華麗，到了十七世紀末，達賴喇嘛在位時，一個執掌權力的僧人"松革吉雅妙若"繪出一幅宫殿改建圖，手法非凡，鼓舞了全藏人民一起來改建宫殿，在十八世紀順利建造成今日所見雄偉的布達拉宫。

高聳入雲的布達拉宫顯示了"超越塵世，靈魂脱俗，浮於衆生"的佛教思想。它既是藏傳佛教神聖的象征，又是西藏過去政教合一權威的象征。整個建築底部以白色爲襯托，代表世俗；中央主體爲暗紅色，代表僧侶；頂部爲金頂和黄銅鎏金。這既反映出僧俗分明，又反映出僧俗一體，突出了佛教的重要地位和西藏過去政教合一的社會特征。

布達拉宫的中央稱爲"赤王宫"，高聳的壁上能放出紫紅光芒；佛殿上的靈塔金壁輝煌，如同摩天大樓一般壯麗。該宫法王殿上有一個小佛舍，安置有純金的觀世音菩薩聖像。觀音菩薩是西藏的守護主，藏族人民相信世界猶如一朵蓮花，拉薩就是蓮花的中心，是觀音的净土，觀音就居住在布達拉宫。達賴喇嘛被視爲觀音的化身，在人間傳菩薩道，因此達賴喇嘛住在布達拉宫。

在全世界各地有很多著名的觀音道場，除了印度的普陀洛迦山、中國的普陀山、布達拉宫外，還有斯裏蘭卡的普德蘭港、日本紀伊的普陀洛、韓國的洛山等，還有一些隱藏的地方。哪個道場最爲重要呢？其實，我們不一定要去某一特定的觀音寺廟朝拜和祈求保佑，所謂“佛在心中莫遠求”“千處祈求千處應”，太虛大師曾説：“清净爲心皆普陀，慈悲濟物即觀音。”到聖地去朝拜觀音是虔敬心的表達，但若執着於會毁朽的聖地宫殿，就誤解了信仰觀音的本意。

6.觀音的住處

《華嚴經・入法界品》告訴我們：觀世音菩薩的殊勝道場就在普陀洛迦山。

第一個拜訪觀音道場，親自前往求法參學的是“善財”。當時，善財童子正在雲游南印度，展開學習佛法之旅。他在南行中，分别向五十三位善知識求道。當他來到印度最南端莫科林岬附近，一位鞞瑟胝羅居士告訴他：“南方有座普陀洛迦山，山中有位觀自在菩薩，你可以向他請教菩薩道。”善財童子按照居士的話，來到普陀洛迦山尋找這位大菩薩。山路崎嶇，就在這山西面泉流林郁的岩谷之中，看見觀自在菩薩結跏趺坐在金剛寶石上，有許多菩薩恭敬圍繞身旁，聽他説法。

善財童子頂禮過后，也恭敬地加入，向觀自在菩薩問法。這是經典中第一次提到觀音的住處。“普陀洛迦”原意爲“光明之樹”，因此又稱作“小樹莊嚴山”或“光明山”。

在《千手千眼觀世音菩薩廣大圓滿無礙大悲心陀羅尼經》中這樣對觀音聖地進行描述：“一時佛在普陀洛迦山，觀世音宫殿，寶莊嚴道場中，與無央數菩薩，無量大聲聞，無量天龍八部神等，皆來集會。時觀世音菩薩放神通光明，照耀十方刹土，皆作金色，日月之光，皆悉不現。”

在《大唐西域記》中記載：“秣羅矩吒南方有座秣剌耶山，東方有座布呾落伽山，此山山徑危險，山頂有池，其水澄潡如鏡，有大河繞山周流二十匝，流入南海。池旁有石天宫，觀自在菩薩往來游息。能發願者如見菩薩，不顧身命，涉水登山，忘其險難，到此山者甚少。唯山下居士，若虔心求瞻視菩薩，則菩薩或現自在天身，或現塗灰外道身，慰喻此人，得遂其願。”

公元七世紀，唐玄奘游歷印度時作了以上記載。依此描述，普陀洛迦山的位置應該在印度最南端的莫科林岬角附近。普陀洛迦山，山道險峻；山頂上有清潡如鏡的天然靈池，涓涓流水，匯成大河，環山繞流二十圈而瀉入南海；池邊有座石造宫殿是觀音菩薩往來時的歇脚處。許多人都渡河登山，前去祭拜觀音菩薩，但能不畏艱險抵達山頂的朝聖人寥寥可數。倒是山下居民經常向山頂膜拜觀音，觀音有時化爲自在天，有時化作塗炭外道神祇，來撫慰百姓，實現他們的心願。

普陀洛迦山被定爲現今印度西高止山南段，秣剌耶山以東的波那桑山，位於提納弗縣境，北緯八度四十三分，東經七十七度二十二分的地方。藏族僧人多羅那他的名著《印度佛教史》説：“優婆塞寂光、月官，曾到此山巡禮。”

現在，由於年代久遠，對於印度普陀洛迦山的確切位置，學術界仍有争議。不過，普陀洛迦山所在的莫科林岬角現在是聲名遠揚的夕陽盛景，游客絡繹不絶。眺望美麗的印度洋，隨着夕陽西下的方向，正是人心向往西方極樂世界的入口。人們相信這就是觀音菩薩的殊勝住所。

7.觀音頭頂的化身是誰

在觀世音菩薩的造像中，頭頂會出現一尊化身佛，有時是坐佛，那他到底是哪一尊佛？

中國人所熟悉的大乘經典《佛説觀無量壽佛經》中記載："釋迦牟尼佛告訴阿難尊者觀看觀世音菩薩的尊容時，説到觀音頭冠中有一站立的化身佛，他就是阿彌陀佛。向往極樂世界的人臨終時，阿彌陀佛和觀音、大勢至二菩薩都會持蓮臺前來，將他迎接到極樂世界去。"

《龍樹十二禮》中記載："觀音頂戴冠中住，種種妙相寶莊嚴，能伏外道魔僑慢，故我頂禮彌陀尊。"

8.是誰堅定了觀世音的誓願

觀世音菩薩，曾發誓要度盡衆生，但因見到無數人在六道輪回而起了退心，結果頭顱立刻裂爲碎片。那么是誰堅定了觀世音的誓願呢？

觀世音菩薩在印度南方普陀洛迦山修道之初，發誓説："我要讓每個人都解脱生死輪回，只要有一個人無法解脱，我也不會放弃。如果我違背了誓言，我的頭顱將碎裂爲千片。"阿彌陀佛對觀世音説："這真是個了不起的誓願，我和三世諸佛也因這個普度衆生的誓願而覺悟，我將協助你完成這個誓願。"立刻，觀世音軀體放出六種奇異的光芒，白、緑、黄、藍、紅、黑，分别照耀天、阿修羅、人、畜生、餓鬼和地獄等六道衆生。

觀世音在山頂環顧世間衆生，看到還有無數人在六道輪回中，他心生氣餒地説到："世人的苦厄是與生俱來的，只要世間存在一天，苦厄就存在一天。如果無法斷絶苦厄，怎樣才能度盡一切蒼生呢？看來當年的誓願是自尋苦惱，不能完成了。還要白費力氣嗎？還不如現在就回轉極樂世界去呢！"當即觀音違背誓言的結果就應現了，他的頭顱立即碎裂成千片。此時阿彌陀佛對觀音説："你千萬不可違背誓言！不然，你所做的一切善行，都將變成虚妄。只要繼續教化衆生，必定能完成你的誓願。十方三世所有的佛菩薩都會幫助你成就圓滿。"阿彌陀佛發揮超大力量將碎裂的觀音頭顱重整變成十一面，并長出千只手。每一手掌心有一眼，象征着賢劫千佛。觀音的頭頂也生起一座化佛相，就是阿彌陀佛。

阿彌陀佛又説真言："唵嘛呢叭美吽"。觀音聽后立刻得到大智慧，剛强起來，再也没有産生軟弱后退之心。阿彌陀佛以神力堅定觀音的誓願，因此，直到現在觀音仍以大悲關懷蒼生。

9.觀世音菩薩的净土

觀世音菩薩要帶衆生去的净土就是阿彌陀佛的極樂世界，净土就是清净没有污染的，稱爲"净土"。人世間是悲苦的、污穢的，稱爲"穢土"。大乘佛教認爲，十方世界佛有無數，所以净土也有無數。按空間分：東方有阿閦如來的净土，西方有彌陀净土，南方有寶生佛的净土。按時間分：過去有燃燈佛的净土，未來有彌勒菩薩等待成佛的兜率净土，現在有釋迦牟尼佛的靈山净土。每尊佛按照他們的本願和衆生的因緣，構建出完美佛土。

觀音菩薩的根本净土在西方極樂世界，他在未來要繼阿彌陀佛的佛位，佛號爲"普光功德山王如來"，國土稱爲"衆寶普集莊嚴世界"。他要教化娑婆世界衆生往生西方極樂世界，西方極樂世界就是他永恒的住處。

現在，阿彌陀佛正在極樂世界的國度裏説法，無數菩薩和天人圍繞在他的蓮座四周聽法。觀世音與大勢至兩位菩薩是阿彌陀佛的脅侍，一起修學佛法，行菩薩道，他們發大悲願，往來於娑婆世界，規勸衆生往生極樂世界安住。如果有人臨終時稱念阿彌陀佛或是觀世音菩薩的名號，除了阿彌陀佛會來接引之外，觀世音菩薩也會持蓮臺來接引往生者。所以，觀世音菩薩又稱爲“引路菩薩”。

10.觀音與中國南海普陀山

印度有個普陀洛迦山，中國也有個普陀山，是中國人親近觀音的殊勝道場。普陀山位於錢塘江口，浙江省定海縣舟山群島東南部海域。普陀山是中國佛教四大名山之一。它既有悠久的佛教文化，又有迷人的海島風光，古人稱之爲“海天佛國”“人間第一清净境”。山上的“不肯去觀音院”很有名，是普陀山寺的創建始祖。

“不肯去觀音院”的典故記載在《普陀山志》中，公元九一六年，后梁貞明二年，日本僧人慧鍔到五臺山參拜文殊道場，看見一尊觀世音大士聖像，清净莊嚴，想請回日本供養，又怕該寺主持不肯，於是偷偷地將這尊聖像請走了。慧鍔得到這尊聖像之后，立即買船東渡，准備回國。當這條船駛進浙江定海舟山群島新邏礁的地方，忽然海洋中涌現出鐵蓮花，擋住航道。如此三日三夜，船無法開出，只能繞着普陀山四周打轉。慧鍔見此奇異景象，當即跪在聖像前面求懺悔説：“大士，弟子因菩薩聖像莊嚴，我國佛法未遍，聖像少見，所以想請聖像回國供養。如果因我是不與而取的，或我國衆生無緣供養，弟子就在此地建立精舍，供養聖像。”慧鍔懺悔完畢，船立刻飛速的駛到潮音洞邊，安然停下。

慧鍔登山后，在潮音洞附近，找到一家漁民的茅舍，見舍主張翁説明來意。張翁歡喜異常地説：“菩薩願意住在這個荒山孤島，説明與我們太有緣了。就請師父和菩薩一并住在這裏。我把房子讓出來築庵供奉菩薩，將全山民衆召集起來參拜菩薩。”慧鍔也就不回日本，在山上築庵安住。民衆稱此庵爲“不肯去觀音院”，慧鍔成爲普陀山第一代開山祖師。從此普陀山成爲我國著名的觀世音菩薩道場，而大慈大悲救苦救難廣大靈感觀世音菩薩，便成爲家喻户曉的大菩薩了。

普陀山作爲中國佛教四大名山之一，與文殊菩薩的五臺山、普賢菩薩的峨嵋山、地藏菩薩的九華山，齊名并列爲近代中國最大的佛家道場。來自亞洲各地，如朝鮮、日本、越南、泰國等的外國旅行者，經過此地，遇到苦難時，都會向觀音祈禱。時間久了，朝拜的人漸漸多了，寺院也就越建越多，後來更名普陀山。明、清時普陀山的香火最爲鼎盛，共建有八十八座庵院、一百二十八處茅棚、僧衆三千人，達到了“見舍是庵、遇人即僧”的盛况。其中，普濟、法雨、慧濟三寺規模最大，世稱“普陀三大寺”。

普陀山是中國人心目中的觀音聖地，每年三節：二月十九日出家日、六月十九日觀音成道日及九月十九日觀音涅槃日，普陀山都舉行盛大法會，各地朝山信衆多達數十萬之衆，可見香火之鼎盛。

目　录

一、　观世音菩萨男性说略考……12
二、　观世音的早期造像与女性观音出现……24
三、　《心經》三十三觀音……47
四、　一葉觀音……82
五、　觀音與龍女……89
六、　童子觀音……91
七、　獅吼觀音……95
八、　觀音與十八羅漢……98
九、　觀音與四大天王……101
十、　魚背觀音……104
十一、　“觀世音”這個名號是怎樣產生的……107
十二、　觀世音菩薩的聖容寶相……119
十三、　觀世音菩薩在中國歷代的形相變化……134
十四、　不空羂索菩薩……149
十五、　持蓮觀音……155
十六、　龍頭觀音……164
十七、　觀音與龍王……174
十八、　善財與觀音……177
十九、　觀世音菩薩的由來……185
二十、　施藥觀音……189
二十一、離欲觀音……191
二十二、寶印觀音……193
二十三、彌陀净土觀音……196
二十四、是誰堅定了觀世音的誓願……208
二十五、與甘露觀音……214
二十六、觀音菩薩……221
二十七、觀音的住處……250
二十八、觀音的宫殿……270
二十九、觀音與中國南海普陀山……275

圖版

一、 觀世音菩薩男性説略考

有關觀世音是男是女，歷來説法不一，有經典記載，亦有民間傳説。現根據各種經典作説明，以供參考：

據《華嚴經》載："見岩谷林中金剛石上，有勇猛丈夫觀自在，與諸大菩薩圍繞説法。"這"勇猛丈夫"自然是男身。又據《悲華經》載："天竺有轉輪聖王，名無凈念，王有千子，第一王子名不眴，即觀世音菩薩；第二王子名尼摩，即大勢至菩薩；第三王子名王象，即文殊菩薩；第八王子名泥圖，即普賢菩薩。"不眴王子曾在佛前發願："願我行菩薩道時，若有衆生受諸苦惱、恐怖等事，退失正法，墮大暗處，憂愁孤窮，無有救護，無依無舍，若能念我，稱我名號，若其爲我天耳所聞，天眼所見，是諸衆等，若不免其苦惱者，我終不得阿耨多羅三藐三菩提。"於是寶藏如來當衆爲不眴太子授記説：善男子，汝觀天、人及三惡道一切衆生，生大悲心，欲斷衆生諸煩惱，欲令衆生作安樂故。善男子，今當字汝爲"觀世音"。

根據這一記載，觀音當是男子無疑。再據《觀世音菩薩授記經》云："昔金光獅子游戲如來國，彼國無女人，王名威德；於園中入三昧，左右二蓮花生二子；左名寶意，即觀世音；右名寶尚，即大勢至。"還有明代萬曆年間，胡應麟在《少室山房筆叢》中引王世貞《觀音本紀》的話，也證明唐代以前的觀音絶大多數是男性打扮，而且《太平廣記》和《法苑珠林》亦説觀音是男性。

觀世音是大菩薩，其本相狀當然是大丈夫相。然而隨類示現，自然也可以化身成種種不同的樣子，女相只不過是其中的一類而已。習俗及外道，誤傳觀音爲女性，而且以妙莊王的三女兒妙善公主得道示現觀音的説法，當成正史，這實是一種誤傳。比如在中國唐代以前，以及日本、韓國的觀音像中多數是男相，而且有胡須。

初唐觀世音菩薩

二、敦煌觀音系列之二　中唐觀世音菩薩

四、敦煌觀音系列之四　十一面觀音

六、敦煌觀音系列之六　初唐觀音菩薩

七、敦煌觀音系列之七　唐大士像

八、敦煌觀音系列之八　初唐供養菩薩

九、敦煌觀音系列之九　初唐供養菩薩

一〇、敦煌觀音系列之十　唐大士像

二、 觀世音的早期造像與女性觀音出現

觀音：據法雲的《法華義記》第六記載："觀音，即觀世間音聲，觀衆生身業，觀衆生意業的三個名字，總稱觀世音。"在唐代因避唐太宗李世民諱略稱觀音。

在我國最初觀音造像，始建於漢末四川彭山崖墓碑。其陶座全高爲20.4厘米，下部雙龍銜璧，其上浮雕一佛二菩薩。一佛爲釋迦，二菩薩即觀音和大勢至。到東晋佛教造像大興，處士戴達也在山陰靈寶寺作了阿彌陀佛和觀音、大勢至菩薩像。敦煌石窟四十餘壁《法華經·普門品》的壁畫中，表現依觀世音爲主角的就佔了半數以上。大致東晋以前，觀世音像多爲男性。

東晋以后，開始有女性觀音出現。據《胡應麟少室山房筆叢》説："女性觀音造像始於南北朝。"根據《南史》記載：南朝陳後主之皇后沈氏於陳之後入隋，隋之後進入天寧寺爲尼，以觀音爲名，唐代藝人便以她的形貌作觀音像，從此盛行。又據唐初李百藥的《北齊書》載：南北朝時北齊武成帝抱恙，夢見觀世音是位妙齡女子，相貌和善，娟好秀美。

從那時起，民間女性觀音造像便開始出現。北魏時期河南洛陽龍門石窟的"楊枝觀音"像爲女像特征基本定型，而且定形爲貴族婦女相。頭戴鳳凰寶冠，蓄垂肩長髮，豐潤的圓臉，長而彎的美眉，挺直而端莊的秀鼻，小巧好看的朱唇；上身横披天衣飾，袒胸露背挂瓔珞，戴項飾；下身着錦綉羅裙，神情嫵媚，儀態華貴大方。這一貴婦觀音形象，自唐以後基本保持，没有大的變化。

一三、敦煌觀音系列之二　觀世音菩薩

一四、敦煌觀音系列之三　初唐觀音菩薩

一五、敦煌觀音系列之四　初唐觀世音菩薩

一六、敦煌觀音系列之五　中唐觀世音菩薩

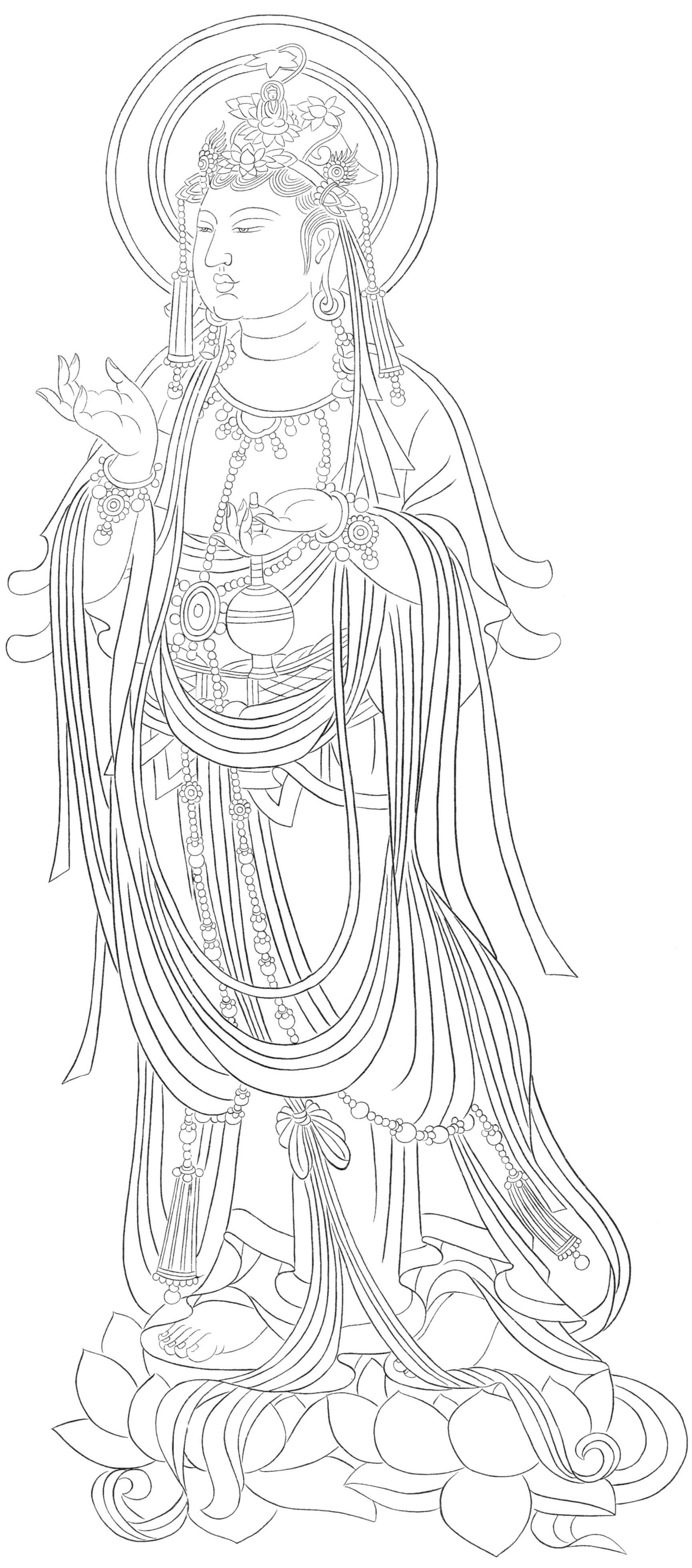

一七、敦煌觀音系列之六　盛唐觀世音菩薩

一八、敦煌觀音系列之七　初唐觀世音菩薩

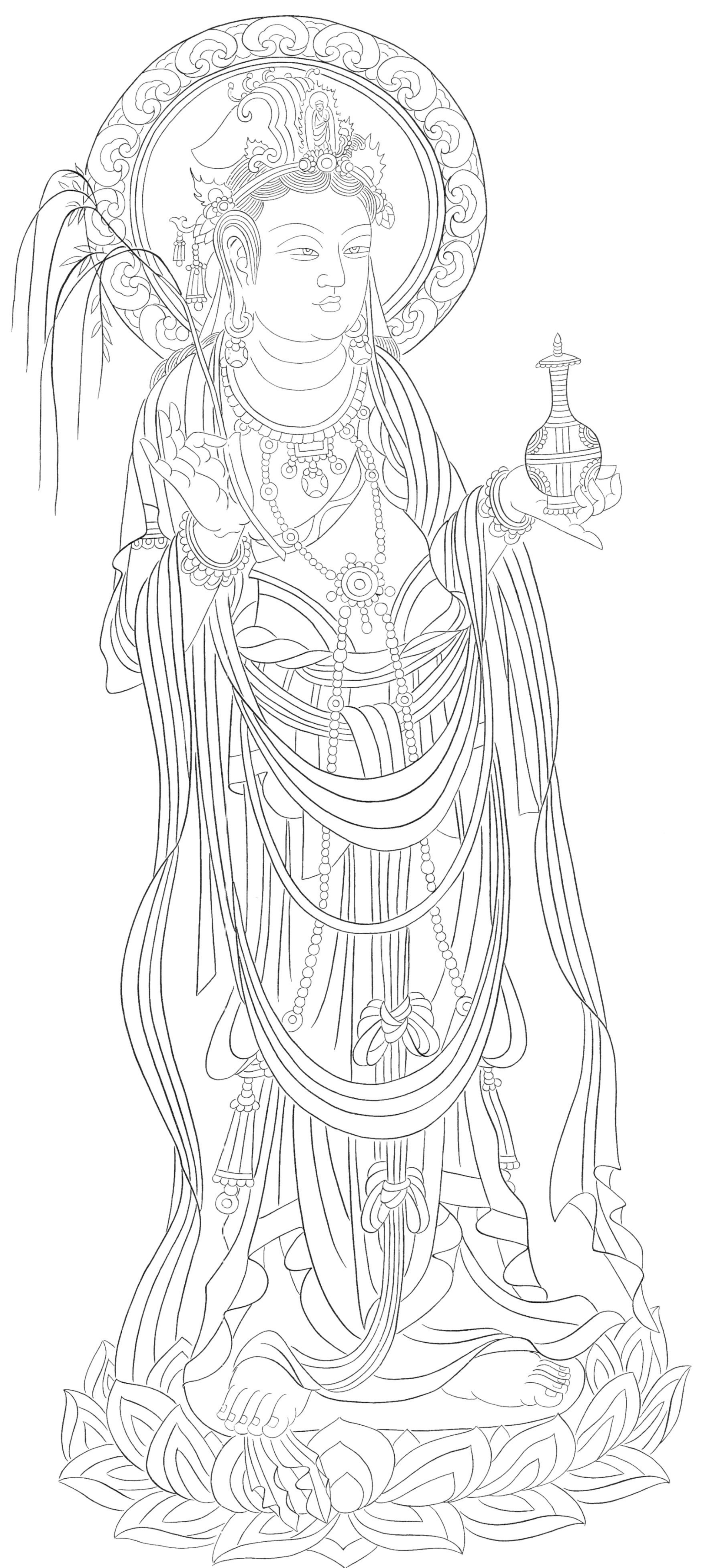

一九、敦煌觀音系列之八　盛唐觀世音菩薩

二〇、敦煌觀音系列之九　唐代菩薩

二一、敦煌觀音系列之十　盛唐觀世音像

二一、敦煌觀音系列之十一　盛唐觀世音菩薩

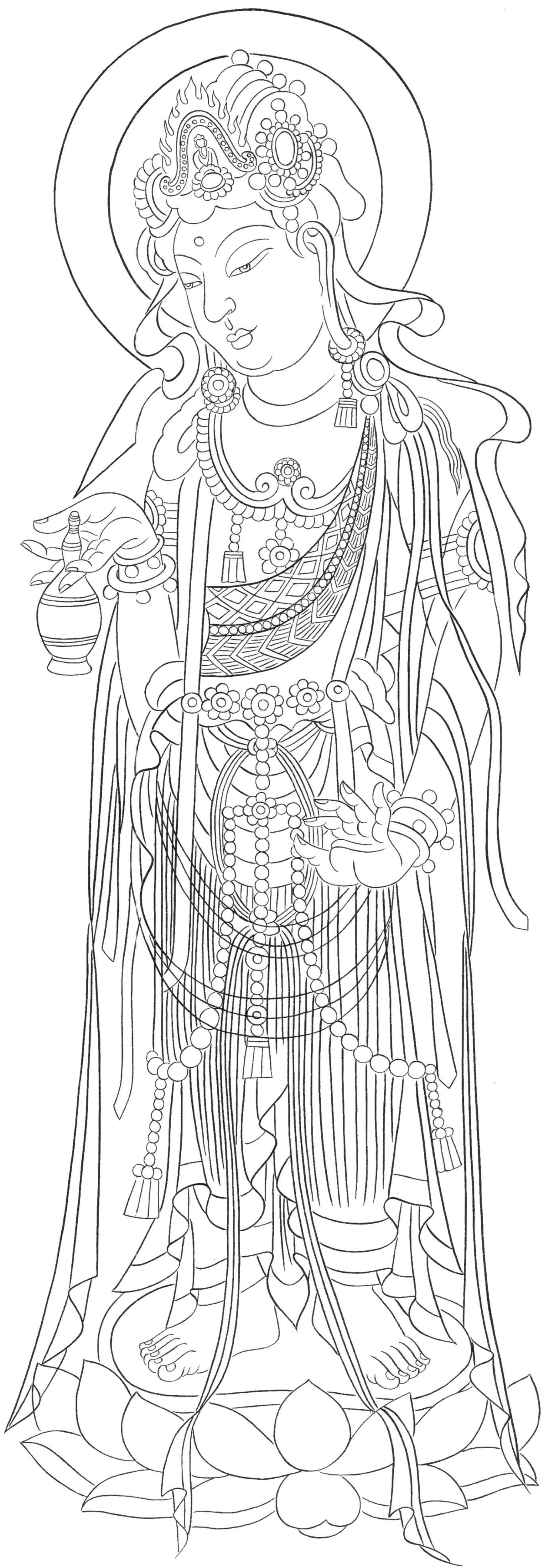

二三、敦煌觀音系列之十二 初唐觀音菩薩

二四、敦煌觀音系列之十三　初唐觀音菩薩

二五、敦煌觀音系列之十四　觀音菩薩

二六、敦煌觀音系列之十五　盛唐觀音菩薩

二七、敦煌觀音系列之十六　盛唐觀音菩薩

二八、敦煌觀音系列之十七　盛唐觀音菩薩

二九、敦煌觀音系列之十八　晚唐大士像

三〇、敦煌觀音系列之十九　盛唐觀世音菩薩

三一、敦煌觀音系列之二十　初唐觀音菩薩

三二一、敦煌觀音系列之二十一　盛唐觀音菩薩

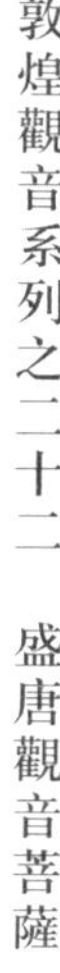

三三、敦煌觀音系列之二十二　盛唐觀音菩薩

三、《心經》三十三觀音

觀世音菩薩爲攝化衆生而自然示現之三十三種現象。《法華經・普門品》及其他諸種感應傳、持驗記敘述，由此，民間亦流傳此類圖像，比較著名的有清代卓峯之觀音應化圖三十三幅（現藏於日本東京國立博物館）。此三十三觀音是臺灣畫家奚松先生按《般若波羅蜜多心經》順序白描畫稿而着色編繪。

這裏需要説明的是，《心經》的編排和奚松先生的解釋與傳統的三十三觀音有着較大的區别，今按兩步進行編排：第一，先解釋《心經》；第二，再解釋三十三觀音，使大家有一個比較明確的對比。

【1】“觀自在菩薩”：觀真實智慧，得大自在，具備上求正覺、下化衆生的菩薩，又可稱觀世音菩薩。

【2】“行深般若波羅蜜多時”：當菩薩修行、實踐深妙的般若波羅蜜多時。

【3】“照見五蘊皆空”：菩薩洞察、照見代表物質界的色，以及代表精神界的受、想、行、識。以上五蘊其本質皆是由無法計量的因緣而生，并没有可視爲絶對單獨存在的自性可言，這種無實體、無自性的狀態，假名有，實爲空。

【4】“度一切苦厄”：認識空性，即了解佛説的諸行無常、諸法無我、涅槃寂静的深意，也就能破除生命習慣的執着，并進而改善人、我和自然間的關係，終得度一切苦厄。

【5】“舍利子”：般若波羅蜜多的空義很深奥，因此召唤佛陀座下以智慧第一著稱的弟子——舍利子，前來領受教導。

【6】“色不異空，空不異色”：舍利子啊！你要知道，世間所有物質的色相，都不異於無實體的空性，而空性也不異於物質的色相。

【7】“色即是空，空即是色”：空與色并不是兩件事。色相的存在，即是依於空性的存在，空性也是依於色相才得以呈顯。

【8】“受想行識，亦復如是”：不只物質界如此，就連精神界感覺的受、心中的想、意志的行和判斷的識，亦復如是與空性不即不離。

【9】“舍利子，是諸法空相”：舍利子啊！前面説空有相依，現在要更進一步説，從超越了世間差别現象的眼光來看，宇宙生命一切存在的諸法都是呈顯絶對的空相。

【10】“不生不滅，不垢不净，不增不減”：空性本身没有有無的差别，是不生不滅的；空性在性質上没有染净之分，是不垢不净的；再者，空性在數量上没有多寡之别，是不增不減的。

【11】“是故空中無色”：是故，以超越的眼光來看絶對的空性，可以説，空性中其實并無物質界的色相。

【12】“無受想行識”：就五蘊而言，空性既無物質界的色相，也無精神界的受、想、行、識。

【13】“無眼耳鼻舌身意”：空性中無感覺器官，所謂六根的眼、耳、鼻、舌、身、意。

【14】“無色聲香味觸法”：也無對象的世界，所謂六境的色、聲、香、味、觸、法。

【15】“無眼界乃至無意識界”：六根與六境合稱十二處，再加上各感覺器官與對象

世界接觸産生的六識界，包括眼識、耳識、鼻識、舌識、身識、意識，統稱十八界，至此也可一并説成：無眼界乃至無意識界。

【16】“無無明，亦無無明盡”：就人類生存的緣起現象來説，有十二因緣：無明、行、識、名色、六入、觸、受、愛、取、有、生、老死。無盡的因緣流轉，唯有在絶對的空性中才得解脱。可以説，并無構成生命妄動的無明，亦無無明終盡的境界。

【17】“乃至無老死，亦無老死盡”：乃至於無老死之苦亦無老死終盡的境界。

【18】“無苦集滅道”：就連佛説的四聖諦，苦、集、滅、道，也不過是面對衆生，隨緣説法。在絶對的空性中，其實并無生、老、病、死、愛别離、怨憎會、求不得、五陰熾盛等苦。没有貪愛的聚集，没有寂滅的境界，更無固定的道可修。

【19】“無智亦無得”：至此，無所謂絶對的智慧可言，亦無絶對的法可得。如此不執着於固定不變的真理，進一步把空有相依的道理也一并破除，歸向本體的空性，這才算是體悟了真實的智慧，真實的佛法。

【20】“以無所得故”：亦了解空性深意，知道在宇宙間物質界的精神都并無絶對所能得的緣故。

【21】“菩提薩埵，依般若波羅蜜多故”：菩薩——菩提薩埵，依般若波羅蜜多修行，在世間實踐布施、持戒、忍辱、精進、禪定等自度度他的行爲，也因此之故，得真實智慧。

【22】“心無挂礙”：體悟了空性，心中就無有任何的挂礙。

【23】“無挂礙故，無有恐怖”：也因爲心無挂礙，不執着的緣故，就無有可視爲恐怖的事物。

【24】“遠離顛倒夢想”：遠離了一切生命蒙昧妄動的顛倒夢想。

【25】“究竟涅槃”：當菩薩體驗到宇宙萬法平等、寂静，即是抵達了究竟涅槃之境。

【26】“三世諸佛，依般若波羅蜜多故”：三世諸佛，也都是依了般若波羅蜜多修行的緣故。

【27】“得阿耨多羅三藐三菩提”：修證得圓滿正覺—阿耨多羅三藐三菩提。

【28】“故知般若波羅蜜多是大神咒”：般若波羅蜜多極爲深奥，非尋常思想語言所能企及。珍貴的經文，是一種象征，用以啓發世人明了抵達彼岸的方法。故而知道，般若波羅蜜多是妙力無窮的大神咒。

【29】“是大明咒是無上咒是無等等咒”：是使衆生大徹大悟的大明咒，是至高無上的無上咒，是超絶無比的無等等咒。

【30】“能除一切苦，真實不虚”：能解除衆生一切苦痛，是真實而絲毫也不虚假的。

【31】“故説般若波羅蜜多咒即説咒曰”：爲使世人專心致志，對無上真實智慧勿失勿忘，故而宣説般若波羅蜜多的持誦咒語，即説咒曰。

【32】“揭諦揭諦波羅揭諦”：揭諦——去吧！波羅揭諦——到彼岸去吧！

【33】“波羅僧揭諦菩提娑婆訶”：波羅僧揭諦——圓圓滿滿地往彼岸去吧！菩提娑婆訶——覺悟了，多快樂啊！

三四、觀自在菩薩

三五、行深般若波羅蜜多時

三六、照見五蘊皆空

三七、度一切苦厄

三八、舍利子

三九、色不異空，空不異色

四〇、色即是空，空即是色

四一、受想行識，亦復如是

57

四二、舍利子，是諸法空相

四三、不生不滅，不垢不净，不增不減

四五、無受想行識

四六、無眼耳鼻舌身意

四七、無色聲香味觸法

四八、無眼界，乃至無意識界

四九、無無明，亦無無明盡

五〇、乃至無老死，亦無老死盡

五一、無苦集滅道

五二、無智亦無得

五三、以無所得故

五四、菩提薩埵，依般若波羅蜜多故

五五、心無掛礙

五六、無掛礙故，無有恐怖

五七、遠離顛倒夢想

五八、究竟涅槃

五九、三世諸佛，依般若波羅蜜多故

六〇、得阿耨多羅三藐三菩提

六一、故知般若波羅蜜多，是大神咒

六一、是大明咒，是無上咒，是無等等咒

六三、能除一切苦，真實不虛

六四、故說般若波羅蜜多咒，即說咒曰

六五、揭諦揭諦波羅揭諦

六六、波羅僧揭諦，菩提娑婆訶

四、一葉觀音

三十三觀音之一。因爲觀音菩薩坐於一葉蓮花之上，而得此名。佛經講蓮瓣爲葉，千葉蓮即千瓣蓮，一葉蓮即一瓣蓮，故又名“一瓣蓮觀音”。一葉觀音聖相特征是：菩薩乘一瓣蓮花，取立姿浮於水上，作漂游狀，神情自若，莊嚴慈祥；坐姿作遊戲坐，或雙脚合攏作善跏趺坐，又稱倚坐；手持蓮花或者如意。歷代文人畫家均喜作一葉觀音圖，意在表現觀音菩薩爲普濟衆生，不顧辛苦，在風浪中乘“一瓣蓮花遨九州”的主題思想。少林寺方丈院内有一幅元代大德八年的石刻綫畫“一葉觀音”。圖中一葉觀音位於圓月之中，頭戴花冠，倚卧在一葉蓮花瓣上，花瓣如小舟，輕飄於湖上，柳瓶琥珀碗，隨后浮行，上有彩雲弄巧，彎月如眉，觀世音菩薩舉目仰望，意態安祥。圖下刻有少林月喦法師首讚：“幻人呈幻事，依幻非真相，真滅幻亦滅，了無相可得。”頗有禪宗解悟人生哲理之意。《法華經·普門品》中記載：“若遭逢大水之災，只需喚其名號，即可疏散至淺顯之處。”據此，一葉觀音成了普門品中的“救水難之身”。

六七、一葉觀音之一

六八、一葉觀音之二

六九、一葉觀音之三

七〇、一葉觀音之四

七二、一瓣蓮花遨九州

五、觀音與龍女

觀音菩薩身邊，左邊是善財，右邊是龍女，爲左右脅侍。相傳龍女原是東海龍王的小女兒，生的眉清目秀，聰明伶俐，深得龍王喜愛。一天，龍女聽説人間街上玩魚燈，熱鬧好玩，就吵着要去觀燈。龍王怕出意外，説什么也不讓去，龍女貪玩心切，就偷偷地溜出了水晶宫，變成了一個漁家少女，來到鬧魚燈的一個小鎮上，看到各種魚燈，千奇百怪，應有盡有，光華璀璨。龍女跟着人群，東瞧西望，越看越高興，越看越有趣，看得入了神，忘了一切。

正當龍女高興地忘記一切時，突然從樓上潑下來半杯冷茶水，正好潑在龍女身上。龍女被淋，猛吃一驚，她驚慌萬分，趕緊往海邊跑。原來龍女化身爲人后，碰不得半點水，一碰到水就要現原形。她只能趕快跑回海裏，於是她拼命往海裏跑，但她身上滿是茶水，不等她到海邊，在海灘上就現了原形，變成一條大魚，在海灘上動彈不得。

這時，海灘上來了兩個捕魚的后生，看到了海灘上有一條大魚，高興萬分，兩人就決定把大魚扛到集市上去賣。這天晚上，觀世音菩薩正在房中静坐，將龍女的事看得一清二楚，知道后生會傷害龍女，就對善財説："你快到漁鎮上去，把一條大魚買下來，送到海裏放生。"善財聽了觀音吩咐后，飛快踏上一朵蓮花，直奔漁鎮。兩個后生沿街叫賣，因爲魚大，無人敢貿然買下，兩后生便准備把魚剁成小塊，正要砍魚時，一個小和尚氣喘吁吁地趕快阻止説："莫剁，這條魚我全要了。"大家一看小和尚要買魚，非常詫異，還有人開玩笑説："和尚買魚，莫非你要開葷。"小和尚忙説："我買這條魚是要放生，你們莫亂説。"説完，摸出一把碎銀子遞給倆個后生，并要求兩個后生幫忙把魚抬到海邊，把魚放入海裏。魚到海裏，就歡騰起來，游出好遠，然后掉轉身來，向小和尚點了點頭，就潛入水底不見了。

東海龍宫裏，自從不見了小公主，就像炸了鍋，亂成一窩蜂。龍王氣得直咆哮叫唤，蝦兵蟹將嚇得蒙頭轉向，小公主身邊的人跪在地上渾身打顫，一直鬧到天亮，龍女回到龍宫，才松了口氣。龍王見到龍女，瞪着眼睛，高聲大叫："你到哪裏去了？氣死我了！"龍女也嚇得不敢撒謊，只好説實話。龍王一聽，更加惱怒，大聲呵斥道："你敢觸犯宫規，私自觀燈！"龍王又怕這事讓玉皇大帝知道了，要落個"教女不嚴"的罪名。龍王本性暴躁，越想越惱，一氣之下，將龍女逐出了水晶宫。

龍女傷心至極，她知道龍王的脾氣，一時難以挽回，這以后到哪裏去呢？她不由得懊悔痛哭起來。觀音菩薩早已料到這個結果。她喜歡龍女，就吩咐善財去接龍女，龍女哭哭啼啼來到了蓮花洋，善財已經來到她身邊。對她説是菩薩派他來接她的。從此，龍女和善財就緊緊地跟在觀音菩薩身邊。

七三、觀音與龍女

六、童子觀音

童子是梵語的意譯，佛教所稱童子，并不是“少年”“兒童”之意。佛門中稱童子，一是指補佛，將來要登佛位；二是指菩薩持戒清净，十分純真，像童子一般没有淫欲貪念，所以許多菩薩如文殊師利、寶積、月光等也都是尊稱童子。

據《華嚴經·入法界品》講，善財童子是福城一個長者的五百童子之一。當善財誕生時，有種種珍寶自然涌出，所以他被命名爲“善財”。當時文殊菩薩正在福城東的婆羅林中宣揚佛法，於是善財童子去文殊處請教佛法，文殊菩薩指示他到南方可樂國請教功德雲，善財找到功德雲，功德雲又指點他到海雲國找海雲。如此一而再，再而三，善財共參拜五十三位善知識，最后在普賢菩薩的教化下，終於如願以償修成了正果。

我們在一些寺廟的觀音殿和繪畫作品中，經常看到在觀音旁邊，有一童子，頭梳髮髻，帶肚兜，眉目清秀，這小童子就是我們所熟知的善財童子。善財童子參拜的第二十七位善知識就是觀音菩薩。可能因爲功成一半，或是善財在觀音身邊稍多的緣故，後來善財就被人們認爲是觀音的脅侍。

七四、童子觀音

七五、慈航普渡

七六、觀音收紅孩

七、獅吼觀音

獅吼觀音又名“騎吼觀音”，是民間常見的觀音法相之一，因觀音騎坐於吼狀獅子之上，故名。又稱“獅子無畏觀音”。此尊觀音與阿摩提觀音有一定關係。獅子有威嚴的外貌，在古印度佛教中被視爲神獸，佛寺神聖建築的守護者。因獅子産於南亞，故中國古代繪畫中無獅子圖。《東觀漢記》載：“疏勒國王獻獅子，似虎，正黄，有髯鬚，尾端茸毛大如斗。”然而，中國古代畫家繪製的獅子則多加美化，已非原形。漢地佛教創造的騎吼觀音，其獅子造型十分奇特，頭胸如龍、如麒麟，顯然是從中國古代瑞獸中衍變而來。獅頭向上作吼狀，觀音則安然坐於其背上，左腿屈起，右腿放下，神色悠然自得，穩如泰山。山西五臺山佛光寺東大殿有一尊唐代騎吼觀音彩塑像，觀音端坐於吼獅之上，雙手持蓮花。騎吼觀音多見於宋代和明代，其法相坐姿，多爲安逸坐、輪王坐、吉祥半跏坐和降魔半跏坐。藏傳密宗供奉有“獅吼觀世音”，其法相特征是：觀音作左舒坐姿，坐於吼狀獅子身上，左手持蓮花，右手持三叉戟，戟柄上盤有長蛇。《大悲心陀羅尼經》中有“地利尼”梵語，意譯爲奇勇、寂滅摧開的意思，此乃觀世音現獅子王身相，意在使衆生消除災禍。

七七、獅吼觀音像

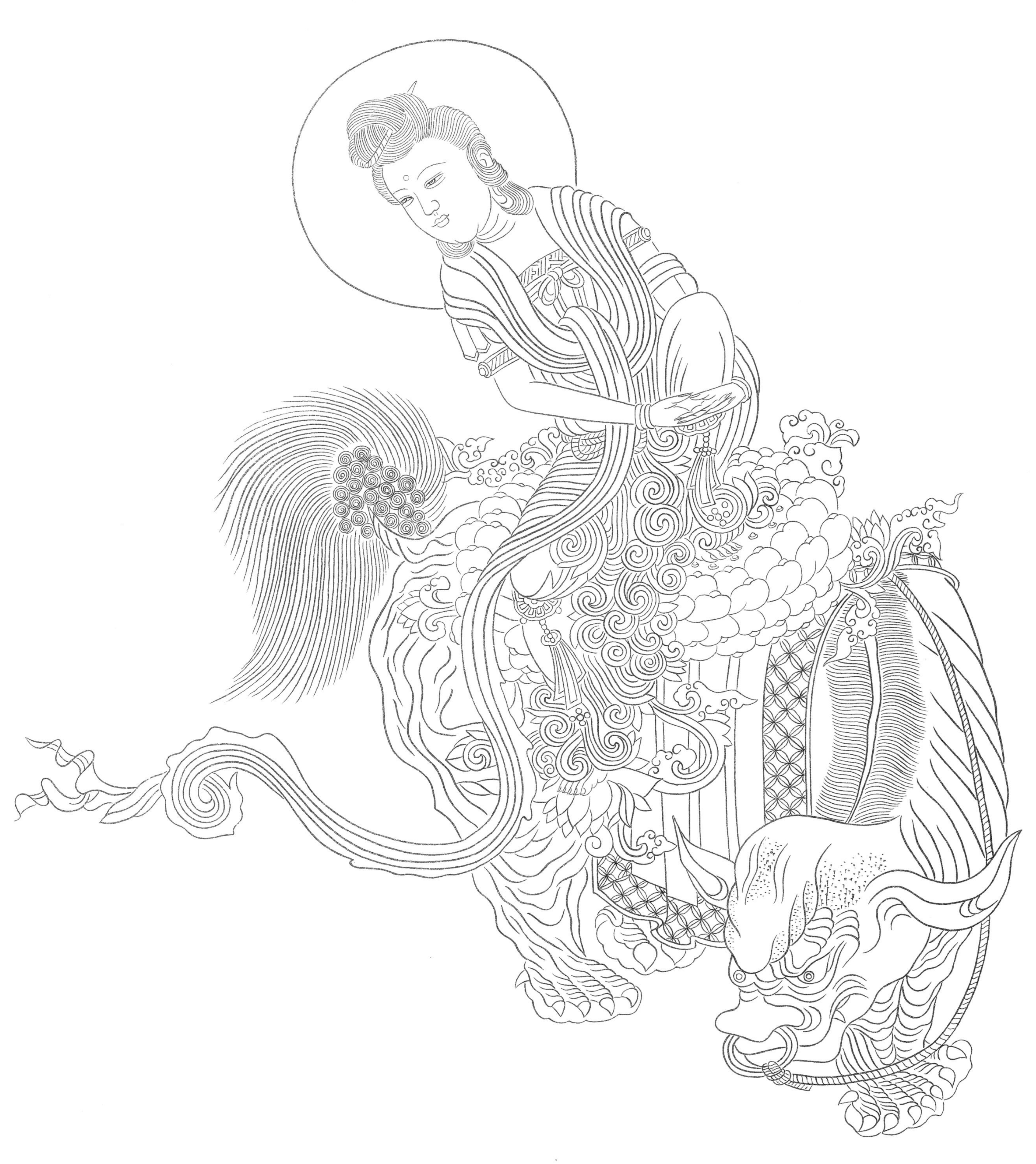

七八、慈容五十三現之二一現

八、觀音與十八羅漢

從前，舟山有座很大的寺院，寺裏有不少田産。當家和尚雇了十八個年輕力壯的后生耕種田地。這十八個后生一年到頭粗衣淡飯，竭盡辛苦。觀音大士有心引渡他們皈依佛門，便變作一個老婦，到寺院裏燒飯。

全寺三百二十七個和尚，再加十八個長工，燒飯的活很繁重。飯鑊像七石缸，鑊蓋像大圓盤，揭蓋要用滑輪。可觀音一點也不忙，一日三餐，每餐都准時開飯，而且飯菜噴香，從來不焦不糊。那十八個長工看到燒飯的老婦人這么大年紀能干這樣繁重的活，感到很奇怪，他們想難爲難爲她。一天，他們趁老婦人到外邊搬柴的時候，溜進伙房，將一土箕黄沙倒進飯鑊。觀音搬柴回來，眼睛只一瞟，便知道有人做了手脚。她拿起一把銅洗帚，揭開鑊蓋，説一聲："漏沙勿漏水！"往鑊底戳了一陣，黄沙便統統漏出鑊底，水却一滴未漏，燒出飯來照樣香噴噴。

十八個長工收工回來，想看觀音的笑話，誰知盛起飯一吃，不見一粒泥沙。他們你看看我，我看看你，好不奇怪。觀音走過來説："有勞諸位師傅，老身多謝了。"長工們問："我們幫你什么忙了，要你來道謝？"觀音説："師傅們不是幫我搬來黄沙，洗了一回鑊嗎？"長工們吃了一驚，嘿，我們倒黄沙，她是怎么知道的？其中一個后生跳起來説："你别得意，敢來取笑我們！我們十八個年輕力壯的后生，難道還鬥不過你一個燒飯的老太婆嗎？"觀音也不生氣，笑笑説："好吧，你們不服氣，就再試試好啦。""你説吧，怎么試？"觀音説："寺院后面有一座山，山后是萬丈溪坑。今朝夜裏，你們在山上建座塔，我在溪上架座橋，鷄啼爲止，看誰先造好。"長工們都説好。事情就這樣定了下來。

吃過夜飯，十八個長工當即去搬磚運瓦，到山上建塔。觀音却慢吞吞地在伙房裏洗刷。到了三更時分，十八個長工已忙得滿頭大汗，觀音才來到溪邊。觀音站在岸上，輕輕一招手，溪坑兩邊立即游出兩條龍來，作出二龍報珠模樣。觀音用手指一點，兩條龍凝住不動了。觀音走過去，把兩條龍的舌頭牽攏來，頭上拔下玉簪，在兩根舌頭當中一戳，一座橋就搭成了。這座橋后人稱爲"舌梁橋"。

鷄啼了，十八個長工忙得精疲力盡，大汗淋灕，塔還没有建成。他們來到溪邊，看到那座舌梁橋，都驚呆了。要不是天上神仙，誰能架出這樣的橋來呀？他們跪在觀音面前，齊聲説："活菩薩，寬恕我們冒犯之罪吧。"觀音説："實不相瞞，我便是南海觀音，特來度諸位的。你們願意跟我皈依佛門，共修正果嗎？"十八個長工都説願意。就這樣，他們隨觀音大士到了普陀山，修成十八羅漢。

七九、觀音菩薩與十八羅漢之一

八〇、觀音菩薩與十八羅漢之二

九、觀音與四大天王

觀音菩薩收了善財和龍女，普陀山的香火更加興旺，成了遠近聞名的“海天佛國”。

守衛南天門的四大天王聽説以后，决定去看看。於是四大天王各持兵器，駕祥雲飛臨普陀山。他們威風凛凛來到千步沙灘，按落雲頭，沿着玉堂街觀賞山景。一路上，但見古柏參天，花草葱郁，梵刹林立，寺院宏偉，他們被這海天佛國景色迷住了，覺得果然名不虚傳，不由得心中暗暗嘆服。他們邊走邊看，盡情欣賞，不覺多時已到了午飯時刻，就四下尋找布施齋飯的地方，却怎么也找不到，他們全都餓得饑腸轆轆。四大天王在天上神氣慣了，遇到這種情况，全都不耐煩了，紛紛駡起娘來：“什么大士，不識抬舉，俺四大金剛駕到，也不來接駕。等一會見到她，非給他點顔色看看不可！”

觀音菩薩早就知道四大金剛到來，聽他們叫駡心中暗暗好笑，隨即想起了一個主意。

四大金剛正在叫駡時，忽見到前面紫竹林裏冒出一股濃烟。四個人立即向紫竹林奔去。找來找去，發現有一又低又矮的小屋。隔着門縫往裏看，屋裏有一少婦正在燒火做飯，婦人大約三十多歲，面目清秀，神態安祥莊重。四大金剛聞到飯香，便顧不得了，前往敲門説：“小娘子，我們是天界四大金剛，求你將這鍋飯施舍給我們吧。”

那婦人并不感到吃驚，説：“你們進來吧。這鍋飯就是給客人准備的。够你們四個人吃的。”

四大金剛正想進屋，但四人身材高大，小屋低矮，在自己膝下，怎么進得去，不由得都感到爲難，只見婦人却含笑催他們：“你們進來吧。怎么不進來呀？”四個人爲了吃飯，只好一個個低頭彎腰往屋裏擠。説也奇怪，他們一進門，那小屋也變大了，一點也不狹窄，非常寬敞舒適。婦人讓他們在桌子四周坐好，説：“我給你們盛飯。”

一位金剛説：“小娘子，我們兄弟都是大肚漢，又都餓壞了，請多施舍一些，看你那小鍋，怕不够我們吃的。”“四位將軍只管放心，别看這鍋小，鍋裏的飯是够你們吃飽的。”那婦人邊説邊盛好飯，端到桌子上。又説：“你們吃完了，鍋裏還有的是飯，自己再盛就是了，我到外邊去洗衣服，不陪你們。”然后提着一個籃子出去了。

四大金剛緊忙吃飯，一邊吃一邊往飯鍋裏看，心想這么一小鍋够誰吃，所以都想趕快吃好早點去盛，白臉金剛吃得最快，幾下子一碗飯就進肚啦，然后就走到竈前揭開鍋蓋要盛飯。可是怎么也揭不開鍋蓋，他干脆放下碗用雙手去揭，但拼了最大力氣，鍋蓋還是絲毫不動。白臉金剛弄得臉紅脖子粗，站在那裏發愣。黑臉金剛吃完趕來盛飯，看到白臉金剛揭不開鍋大加耻笑，讓白臉金剛閃開，於是他叉開雙腿，鼓足勁，抓住蓋柄，猛往上拔，但還是揭不開，用力過猛，手一滑，跌了個仰面朝天，氣得直罵。其他兩個過來，也同樣失敗。後來，四大金剛一起動手喊號，像拔蘿卜一樣拼命使勁，但鍋蓋紋絲没動，四大金剛忙了半天，累得氣喘吁吁，癱倒在地上，動彈不得，好不狼狽。這時，房門開了，婦人走進屋來看到四大金剛躺在地上，一個個呲牙咧嘴，心中暗自好笑，但裝出驚訝的樣子説："四位將軍吃飽了，躺下休息了？"

紅臉金剛一聽，忙説："不不，我們只吃了一碗飯，還没吃完。"婦人説："你們怎么不吃完呢？你們别看鍋小，那裏面飯有的是，你們怎么不盛着多吃呢？"紅臉金剛説："我們去盛飯，可是，那鍋蓋揭不開。"婦人説："怎么，小小鍋蓋，四位將軍没有打開？四位將軍都是有名的天將，力氣蓋世，怎么會打不開鍋蓋？"四大金剛回答不上來，都感到很尷尬，面面相覷，心裏發慌。大家正尋思，只見婦人走到竈前，伸出手，輕輕一提，就揭開了鍋蓋，説："鍋蓋很好開嘛，四位將軍，請再用飯吧。"

四位金剛愣愣地看着婦人開鍋蓋，輕輕鬆鬆。他們費了那么大的勁也未打開，感到不可思議。還是白臉金剛機靈，一下子悟出了道理，知道這婦人不是等閑之人，就大聲説："哦，我明白了，你就是觀音大士，怪我們兄弟有眼不識泰山，請菩薩恕罪。"其他三個金剛也高聲説："請菩薩恕罪，饒我們無知之輩。"他們都在婦人面前跪下，連連叩頭。觀音大士含笑説："四位將軍起來、起來，吃飽飯再説。"吃完飯后，四大金剛説："謝謝大士，我們今日蒙菩薩慈悲，感恩不盡，現在，請大士放我們回天庭去。"觀音大士説："四位將軍還想回去嗎？四位將軍回去可以，但是，四位將軍過去名震天庭，今日在這裏連一個小小鍋蓋也揭不開，出了這么大的丑，還有什么臉面回去呢？天兵天將還會尊重你們，不笑話你們嗎？我看，你們不如就留在我這裏，你們看如何？"

原來，觀音菩薩得知四大金剛要到普陀山來，心裏就想，普陀山正好缺護法神，若能留下四大金剛，是最合適不過了。於是觀音菩薩就定下這個計策，挫敗四大金剛的傲氣，以便讓他們留下來。四大金剛聽觀音大士這么一説，一個個啞口無言，確實感到再没臉回天庭。通過此事，他們認識了佛法威力，看到了觀音大士的無比神通，十分佩服觀音大士，也就一個個順水推舟，决定留下來隨觀音學佛法，護衛普陀佛國。從此，天王殿左右兩側便出現了威武雄壯的四大天王塑像。

八一、觀音與四大天王

十、魚背觀音

魚背觀音爲民間常見的觀音法相之一，因觀音立於魚背之上而立名。一般認爲此尊觀音源自魚籃觀音或鰲魚觀音。魚與佛教有緣，《三寶感應録》上載："執獅子國西南有魚，能作人語，唱'南無阿彌陀佛'，因名阿彌陀佛魚。人唱阿彌陀佛時，則魚喜近岸，人取食之，味甚美，謂是阿彌陀佛化身。"魚與菩薩之佛典見於《智度論》："菩薩發大心，魚子菴樹華；三事因時多，成果時甚少。"這是以魚子作比喻，謂世人身、口、意三方面多煩惱、多垢惑、多不修妙行的因素太多，因而成正果者稀，比如魚子一樣，生下來雖然很多，但成活者少。佛教傳説中的"八吉祥"寶物中有"雙魚"，喻幸福、闢邪。歷代文人墨客喜歡畫立魚背上之觀音像，想必與上述不同説法有一定關係。表現魚和觀音菩薩在一起，民間通常會認爲是教人放生、護生的思想。在佛教中有五戒、八戒、十戒等戒律，其中"不殺生"列爲第一條。每年農曆四月初八，民間有放生節。這一天，人們紛紛買魚、龜、螺、蚌、雀放生，以示護生。民間供奉的魚背觀音造像特征如下：有的如仕女像；亦有天衣嚴身、瓔珞寶冠於一體的，立於大海中魚背之上；有雙手置於胸前；亦有左手似扶在右手上面，雙目平視，神態慈祥可親。

八二、魚背觀音之一

八三、魚背觀音之二

十一、“觀世音”這個名號是怎樣產生的

“觀世音”這個譯名最早出現在公元三世紀由印度僧人康僧鎧翻譯的經典《佛説無量壽經》中。得到重視和肯定還是在公元五世紀由鳩摩羅什法師所翻譯的《妙法蓮華經·觀世音菩薩普門品》中體現的。經典中説:“觀世音菩薩以何因緣名‘觀世音’？佛告無盡意菩薩,‘善男子,若有無量百千萬億衆生,受諸苦惱,聞是觀世音菩薩,一心稱名,觀世音菩薩即時觀其音聲,皆得解脱’。”觀世音菩薩大慈大悲,拯救一切苦難衆生,故全稱“大慈大悲救苦救難觀世音菩薩”,因爲避唐太宗世民諱,略去“世”字,簡稱“觀音”“大悲”,沿用至今。

“觀世音”還被譯爲“光世音”,是由精通三十六國文字的月氏大僧竺法護所譯。但是世人還是經常稱呼“觀世音”這個名號。其實早在公元二世紀的漢譯經典《成具光明定意經》中就出現了“觀音”二字,但是直到後來出現的漢譯經典《悲華經》《華嚴經》《觀世音菩薩授記經》時才使用“觀音”和“觀世音”兩個名號。

佛菩薩的名號也代表着他們特有的德行與樣貌,藥師佛以醫藥救度衆生得名,地藏菩薩則是因爲在過去世中以“衆生度盡,方證菩提,地獄未空,誓不成佛”爲誓願得名。而觀世音是一位救苦救難“度一切苦厄”的慈悲菩薩,觀塵世苦難衆生的呼救聲,而前往解救。遇到種種灾難苦惱,只要發聲呼救稱念“觀世音”,就能得到他神通法力的救助。這是他深得人心的主要原因,在《普門品》與《悲華經·大施品授記品》中都得到宣説。

觀世音菩薩尋聲救苦,聲音不用聽而是去“觀”,此屬於佛教所説的“六根互用”。六根,即眼、耳、鼻、舌、身、意六種感官及其功能。當佛菩薩修到一定的境界,就可以到達六根互用的高等境界,也就是任何一根都能替代其他諸根作用。《涅槃經》稱:“如來一根則能見色、聞聲、嗅香、别味、知法,一根現爾,餘根亦然。”

“觀世音”還有一個深刻的涵義,即代表每個人心靈最深處的“内在覺性”,也可以説是“佛性”。觀世音不但來觀你的音,還要讓每個人觀自己的音,和衆生密切聯係在一起。

八四、觀世音菩薩之一

八五、觀世音菩薩之二

八六、觀世音菩薩之三

八七、觀世音菩薩之四

八八、觀世音菩薩之五

八九、觀世音菩薩之六

九〇、觀音圖

九二、觀音卧像圖

九三、觀音菩薩像

九四、觀世音菩薩聖像

十二、觀世音菩薩的聖容寶相

《佛説觀無量壽佛經》中，釋迦牟尼佛講述仰看觀世音的聖容時，給我們留下這樣的意象：觀世音菩薩身高有八十萬億那由他由旬；膚色成紫金色；頭頂有肉髻；天冠是以毗楞伽摩尼寶珠製成的天冠，天冠中有站立的化身佛，身高二十五由旬；頸項有圓光，圓光中有五百化身佛，如釋迦牟尼佛，五百化身佛有五百化身菩薩隨侍；面容有百千由旬；眉間毫毛成七寶顔色，并放射出八萬四千種光芒，每一光芒中有無數的化身佛、化身菩薩，遍滿十方世界；手臂像紅蓮色，有八十億微妙光明作爲瓔珞，在瓔珞中普現一切莊嚴故事；手掌有五百億朵蓮花色；十指每一指端有八萬四千畫，猶如印紋，每一幅畫有八萬四千顔色，每一顔色有八萬四千光芒，光芒柔和，普照一切世界，菩薩以此寶手接引衆生；舉脚時，脚底有千輻輪相，自然化成五百億光明臺，以托着脚，放下脚行走時，有金剛摩尼花布散在地上，彌漫四處；其餘身相圓滿美好，與佛身一般無異，惟有頂上的肉髻和無見頂相，這相高不及佛陀世尊。這就是觀世音菩薩莊嚴威儀的聖容寶相。

九五、南無大悲觀世音菩薩之一

九六、南無大悲觀世音菩薩之二

九七、南無大慈大悲觀世音菩薩之三

九八、南無觀世音菩薩之一

九九、南無觀世音菩薩之二

一〇〇、南無觀世音菩薩之三

一〇一、南無觀世音菩薩之四

一〇二、南無觀世音菩薩之五

一〇三、南無觀世音菩薩之六

一〇四、南無観世音菩薩之七

一〇五、南無觀世音菩薩之八

一〇六、南無觀世音菩薩之九

一〇七、觀音變現圖

一〇八、觀音變相圖

十三、觀世音菩薩在中國歷代的形相變化

隨着時代的變遷，觀音菩薩或畫或雕塑的具體形象不斷發生着微妙的變化，既有當時的政治、經濟、文化生活的深刻印記，又集中了中國民間的無窮智慧，反映了中國民間的思想感情和審美要求。

兩漢末年佛教東漸，佛教的造型藝術傳入中國，觀音的造像開始産生。到了北魏，公元四九四年，北魏孝文帝改漢製，遷都洛陽，官場禮儀、服飾一律漢化。中原的瘦骨清相之風成爲佛教造像藝術的主導。觀音的面相從豐潤變爲清瘦，長頸削肩、身材修長、嘴角上翹、衣裙飄逸。衣服一般不再是斜披式，而是以寬大的披巾遮肩，不露肌膚。

到了隋代，觀音不再有北魏時期的瘦骨清相和瀟灑飄逸的風度，臉型變得方且厚重，身姿拙重粗樸。那時，無論是壁畫還是石窟造像，觀音的形象已顯示出慈悲的風格。所謂慈是給人以快樂，所謂悲是解除人們的痛苦。這個時期逐漸出現了大量單獨的觀世音的造像，由此可知，觀世音信仰已開始從正統的佛教體係中游離開來，成爲一個相對獨立的信仰係統。

在唐代，佛教信仰和佛教藝術得到普及。觀音的形象開始利用泥塑彩繪的方法，使觀音菩薩更人間化，更富人情味，觀音形象開始向世俗化發展，無論是男相還是無性相的觀音，都已顯示出女性端倪。初唐時期敦煌第三二八窟的觀音菩薩像，充分運用了泥塑彩繪的特長，使肌膚、衣裙、佩飾都極富質感。菩薩形象端莊，氣質高貴典雅，雖仍然爲男相，但已充滿陰柔之美。

宋代以來，理學之風盛行，但思想的禁錮却似乎在觀音造像上有更多的反映。那時，觀音形象較唐代更加世俗化，得以流傳的觀音形象多以普通人的表情姿態傳神。宋代的觀音造像在藝術上達到了一個新的不可逾越的高峰，位於重慶大足轉輪經藏窟的數珠觀音，在宋代觀音造像中極富代表性。

遼金時期，因戰亂頻繁，民族衝突和交流十分頻仍，這個時期觀音造像的最大突破是在各個地區都出現了密教式樣的造像。與宋代并存的幾個少數民族政權，如回鶻、高昌、遼、西夏、金、大理等，更是留下了大量密教造型的觀音。此時的觀音形象具有唐代影響的遺迹，同時又具有北方民族的臉部和身體特征。

元、明、清及近代以來，元代提倡宗教多元化，及至明、清，民間的觀音信仰已徹底世俗化和程式化。這幾個朝代將唐代開始出現的獨立的觀音題材發揮到極致，出現了大量的“水月觀音”“送子觀音”“自在觀音”等觀音變身的形象。觀音的法器如柳枝、净瓶等也開始伴隨觀音大量出現，觀音已變成中國的民間神祇。這幾個朝代觀音造像的形式和材料極多樣化，不再僅僅以大型雕塑或繪畫的形式出現，而且出現了大量民間製造，適宜民間信仰的小石雕、玉雕、金胡小雕像、年畫、剪紙，等等。這幾個朝代的觀音造像大多衣着簡單如同女尼，形象也多爲當地的中年婦女，沉静安詳文秀的品味，成爲主要的審美風範。

一〇九、吴道子碑刻觀音

一一〇、唐代觀音

一二一、持幡觀音菩薩立像之一

一一二、持幡觀音菩薩立像之二

一一三、仿宋木雕觀音座像

一一四、宋賈師古繪觀音

一一五、敦煌宋代観音

一一六、敦煌元代觀音之一

一一七、敦煌元代觀音之二

一一八、明代仇英繪觀世音菩薩

一一九、仿寶寧寺水陸觀音

二一〇、仿明丁雲鵬繪觀音大士像

147

一二二、仿清項醇繪觀音

一二二、仿清華嵒繪多臂觀音

十四、不空羂索菩薩

不空羂索菩薩全稱爲“不空羂索觀世音菩薩”，又稱“不空王觀世音菩薩”“不空廣大明王觀世音菩薩”“不空悉地觀世音菩薩”“不空羂索菩薩”。

依《不空羂索神變真言經》所傳，在過去第九十一劫中，觀世音菩薩曾受世間自在王如來的傳授，而學得不空羂索心王母陀羅尼。此後觀世音菩薩即常以真言教法，化導無量百千衆生。因此，當觀世音菩薩示現化身，以此法救度衆生時，便稱爲“不空羂索觀音”。

不空羂索菩薩一名的“不空”是指心願不空之意，“羂索”原是指印度在戰争或狩獵時，捕捉人馬的繩索。以“不空羂索”爲名是象征觀世音菩薩以慈悲的羂索救度化導衆生，其心願不會落空的意思。

所以此尊觀音的形象，雖然有一面八臂或三面六臂等多種，且手持羂索，有懾伏衆生的意思，但是其真正的寓意，則是誓願宏深的廣大慈悲。以經典所載，凡是能如法受持不空羂索心王母陀羅尼的人，現世可得無病、富饒、無横灾等二十種功德，臨終也可得無病痛、觀音莅臨勸導等八種利益，甚至可以護國佑民、防止天灾地變等功德。

此菩薩在胎藏界中觀音院内，形象爲三面四臂，每面皆有三面，正面肉色，右面青色，左面黑色，表三德之意。左第一手持蓮花，第二手携羂索，右第一手持念珠，第二手執軍持，并披有鹿皮袈裟。

另外還有一面三目十八臂、一面四臂或三面二臂、四臂、十臂、十八臂，等等，最普遍的應是一面三目八臂像。其形象爲眉間白毫上竪有一目，左右二手合掌當胸，左次手持蓮花，次手於膝上持羂索，第四手作與願印；右第二手持錫杖，第三手於跏上持白拂，第四手作與願印，垂諸指仰掌，左右相對作同印不持物。二足以左按右上，着鹿皮袈裟。

一二三、紅色不空羂索觀音菩薩

一二四、不空羂索觀音之一

一二五、不空羂索觀音之二

一二六、不空羂索觀音之三

一二七、不空羂索觀音之四

十五、持蓮觀音

三十三觀音之一。因手持蓮花而得名。佛教常以蓮花來比喻佛或佛法。蓮花出淤泥而不染，花色淡雅，亭亭玉立於碧波之中，迎風摇曳，深得人們喜愛。大乘佛教有一部著名經典，經名《妙法蓮華經》，蓮花喻潔白美麗，蓮華即蓮花。實際上蓮花已成爲佛教的象征。觀音係由蓮花童子衍化而成，因此，觀世音菩薩以蓮花爲誓願象征。手持蓮花喻菩薩接引衆生往生西方極樂世界。佛經上形容極樂世界長滿了蓮花，蓮花清净高雅，所以西方極樂世界又稱净土。持蓮觀音有多種，有左手持蓮花，右手屈臂手在胸前，站立於雲端的，亦有雙手持蓮，兩邊有童男童女跟隨着的；等等。還有手持蓮花，坐於蓮臺之上，此爲坐相持蓮觀音。持蓮觀音大多是豐潤貌美的少女形象。蓮花形狀有開敷蓮花、未開敷蓮花之别。《法華經·普門品》中載："應以童男童女身得度者，即現童男童女身而爲説法。"據此，持蓮觀音成了三十三應化身中的童男童女身。又稱童子相觀音。佛教認爲：童男童女身是最爲清净、没有污染的身體，若修道或參禪打坐，很快就能有所成就，很快開悟，得天眼通。所以童貞入道是最寶貴的。

一二八、持蓮觀音之一

一二九、持蓮觀音之二

一三〇、持蓮觀音之三

一三一、持蓮觀音之四

一三二、持蓮觀音之五

一三三、持蓮觀音之六

一三四、雲中持蓮觀音

一三五、大足荷花觀音

十六、龍頭觀音

三十三觀音之一，以觀音駕乘龍頭之上而得名。龍在中國，向來被視爲四靈之一，能够善爲變化。佛經中所謂龍衆即龍神，狀如蟒，所以蟒蛇亦被稱爲龍。龍生活在水中，是水族中最有威力者，且常自海中取水上天，降雨於人間。龍衆是八部衆中最顯靈聖的神祇。觀音菩薩道場位於南海之中，根據中國傳説，海乃龍王之轄地，觀音站立於龍頭之上，意在使天下風調雨順，保四海太平無事。《法華經·普門品》中說："應以龍身得度者，觀音即現龍身而爲衆生説法。"龍爲衆獸之王，以此比喻觀音菩薩威神之力。流傳於世的龍頭觀音聖像有以下兩種：一、觀音立或坐於海中龍頭或龍背之上，波濤洶涌中龍頭露出水面，觀音立在龍背之上，手持净瓶向龍嘴灑水，是降龍或是戲龍。或者立於雲龍之上，作説法印，眺望大海彼岸。二、觀音立或坐於雲中龍頭或龍背之上，雲霧中有鉅龍騰飛嘯吼，觀音端坐龍背，俯視下方。或者立於雲龍之上，手持蓮花，凝視人間，在以上兩種龍頭觀音表現手法中，一般來説雲間乘龍多爲坐姿，海中降龍多爲立姿。傳説龍頭觀音顯化時，手執如意爪杖，頂上現出一條金龍。龍頭觀音中龍的造型均爲漢化之龍，即民間常見的中華之龍。

一三六、龍頭觀音之一

一三七、龍頭觀音之二

一三八、乘龍觀音之一

一三九、乘龍觀音之二

一四〇、乘龍觀音之三

一四一、乘龍觀音之四

一四二、觀音乘龍法像

一四三、觀音戲龍圖

一四四、觀音乘龍圖

十七、觀音與龍王

在距今很遠很遠的年代，那時浙江海寧一帶還不是陸地，是一片汪洋大海，屬東海龍王管轄。當時靠海一帶多是漁村、村民也打魚、也種地。東海龍王脾氣暴躁，常常任性而爲，不管漁民死活。最壞的是他常常以禍害漁民爲樂。漁民駕船出海捕魚，龍王一來氣，就興風作浪，顛翻漁船，讓漁民葬身大海。還動不動就發大潮，衝决堤岸，淹没漁村和農田。漁民百姓被弄得流離失所，家破人亡，不得安寧。

一天，觀音菩薩路過這裏，看到老百姓的苦况，一了解是東海龍王所爲，甚爲生氣，就去找龍王。菩薩赤脚走下海灘，迎着潮頭走去，喊龍王來見。龍王一見觀音，連忙向前施禮，問："大士今日來此，有何吩咐？"觀音説："先不説别的，你看我來到你這裏，赤脚走在泥灘裏，連立足之地也没有，你先爲我弄塊立足之地吧。"龍王説："這有何難，照辦照辦。"説着就從海底抓起一塊石頭，用手一指，一條鰲魚游了上來，龍王把石頭放在鰲魚頭上，立時變成了一座尖山。龍王説："大士，這山岩如何？你就在這山岩上歇息吧。"

觀音大士登上了鰲魚頭上的尖山，説："不錯，不錯，不過還是美中不足，這山岩雖好，也太小了，海大島小，太不相稱，讓我只有這立錐之地歇息，也太狹窄了。你龍王有的是海地，怎能這般小氣，不如索性再借我一箭之地，如何？"龍王一想，再借一箭之地，不過百十步罷了，那也無妨，就同意了。

於是，觀音菩薩就在山頂，向西引弓一箭。龍王估計大錯，没想到菩薩有神力，菩薩一箭一直射到了杭州龍山月輪峰才落下來，這就是造六和塔的地方。這一下龍王心疼了，他没有想到這一箭竟是方圓幾十里的地面，他舍不得了，面有難色。觀音見他猶豫不吐口，就拿出一件龍袍，對龍王説："你不要擔心，我用這件龍袍作抵，我只是暫借你這一箭之地，到時候我還你地，你還我龍袍。"觀音的龍袍金光閃閃，華貴富麗，價值連城。龍王一看，心裏也喜歡就同意了。於是，他又從海底托起一塊土，放在鰲魚背上和尖山連成一片。然后，龍王接過龍袍，高興地回水晶宫去了。從此，就有了海寧這一帶的陸地。

龍王爲什么那般得意洋洋回宫呢？原來他也有心機，他也不傻。他所以答應觀音的要求，借了那塊地給觀音，一是這塊地换了件珍貴的龍袍，即便不還，也不算吃虧。再則，他把土放在鰲魚背上，這鰲魚哪能老實不動，只要一翻身，土地就會再掉進大海，還是他的。真是機關算盡太聰明。果然如此，鰲魚背上放着一大塊土地，哪能好受。這鰲魚於是拼命掙扎，要甩掉背上的土地。觀音見鰲魚很不安分，拼命動彈，那土地眼看要被掀掉。觀音一想，好不容易借來的地怎能丢掉，你龍王心眼太多，我今日要讓這鰲魚老老實實，讓你龍王的如意算盤落空，讓這裏的百姓真有一塊寶地安居樂業。於是，菩薩顧不得穿鞋，一雙赤足踏在鰲魚的頭上，一使神力，鰲魚就再也動彈不了啦，老老實實定在了那裏。觀音見龍王回宫，自己也高高興興的駕祥雲回普陀山，留下一個替身在鰲魚頭上。從此，這化身就永遠留在了那裏，鰲魚也永遠不再翻身。

龍王回宫后，高高興興地拿起龍袍試穿，誰知一打開，龍袍的袖子就掉了，再一拎，領子也脱下了，氣得他大發雷霆，當場召來十萬水族，浩浩蕩蕩，掀起衝天大浪，直撲錢塘江而來，找觀音算賬。但是，"出海觀音"却只站在尖山上微笑，不管龍王生氣叫喊，一句話也不搭腔，龍王對着"出海觀音"叫罵了一陣，對方不和自己吵，相罵無對手，再想想，自己真要和觀音大士鬥，觀音大士真要生氣，自己根本不是對手，罵了一陣，也就偃旗息鼓，回東海去了。

一四五、海龍王觀音

一四六、五帝龍王朝觀音

十八、善財與觀音

善財童子：在中國佛教塑像或佛教繪畫中，善財和龍女一起被安置在觀音菩薩的兩邊，作爲觀音的脅侍。

據《華嚴經·入法界品》講，善財童子是福城一個長者的五百童子之一。當善財誕生時，有種種珍寶自然涌出，所以他被命名爲“善財”。當時，文殊菩薩正在福城東的娑羅林中宣揚佛法，於是善財童子去文殊處請教佛法。文殊菩薩指示他到南方可樂國請教功德雲。善財找到功德雲，功德雲又指點他到海雲國找海雲。於是一而再，再而三，善財童子共參拜了五十三個善知識，最後在普賢菩薩的教化下，如願以償，修得正果。

善財童子參拜的第二十七位善知識就是觀音菩薩。善財在參拜一位居士後，居士指示善財：“於此南方有山，名補怛洛迦，彼有菩薩名觀自在。勇猛丈夫觀世自在，爲利衆生住此山，汝應前往問諸功德，彼當示汝大方便。”於是善財按居士所指示，前往普陀山，善財歷經千險來到普陀山，這就是善財成爲觀音左脅侍的因緣。

一四七、童子拜觀音之一

一四八、童子拜觀音之二

一四九、童子拜觀音之三

一五〇、觀音童子

一五一、童子朝見觀音

一五二、隨攜幼童現大悲相

一五三、海上童子拜觀音

十九、觀世音菩薩的由來

在釋迦牟尼佛宣講的《觀世音菩薩授記經》中記載："昔金光獅子游戲如來國，彼國中無有女人。王名威德，於園中入三昧，左右二蓮花童子，左名寶意，即是觀世音；右名寶尚，即是大勢至。"

那是在另一個遥遠的劫世裹有一佛國名叫"金光獅子游戲國"，有一位威德法王，以佛法治理全國，因而成佛，他的佛號就是如今的阿彌陀佛。有一天，威德法王正在園中坐禪入定，在左右兩旁地上，突然生出兩朵蓮花，蓮花上化生了兩個童子，他們正在蓮花中打坐，一個叫寶意童子，一個叫寶尚童子。威德法王很驚訝，他們用偈語對話，後來，他們二人與威德法王一起前往佛陀處請法。童子問佛說："供養什么最勝妙？"佛陀回答："發菩提心，廣濟衆生，迴向菩提，是最勝福。"於是，二人發菩提大願，救苦衆生。寶意童子成了觀世音菩薩，寶尚童子就成了大勢至菩薩，成了阿彌陀佛的繼承人。阿彌陀佛涅槃後，觀世音菩薩就在七寶菩提樹下成佛，號名叫"普光功德山王如來"，他的佛國號稱"衆寶"。

在《千手千眼無礙大悲心陀羅尼經》中，觀世音在普陀洛迦山的觀音寶殿，向諸佛菩薩宣說大悲心陀羅尼咒的來歷時說到了自己的身世：説自己是遠古時期一位名叫"千光王静住如來"的弟子，這位佛因憐憫觀世音和一切衆生的緣故，向他宣講廣大圓滿無礙的《大悲心陀羅尼》，并以金色手摩按他的頭頂，説道："汝當持此心咒，普爲當來惡世一切衆生作大利樂。"當下自己就發願："若我真能如願，利益一切衆生的話，那就讓我現在能生出具足的千手千眼。"他的願才發完，就生出具足千手千眼，同時十方衆佛都放光普照在他身上……從那時起，觀世音就常常持誦此咒。

釋迦牟尼佛也宣説：這個菩薩名叫"觀自在菩薩"，又叫"燃索"，另一名叫"千光眼"。過去無量劫中，早已成佛，佛號"正法明如來"。只是發了大悲，要讓世界衆生安樂，所以他現世仍爲菩薩身份。

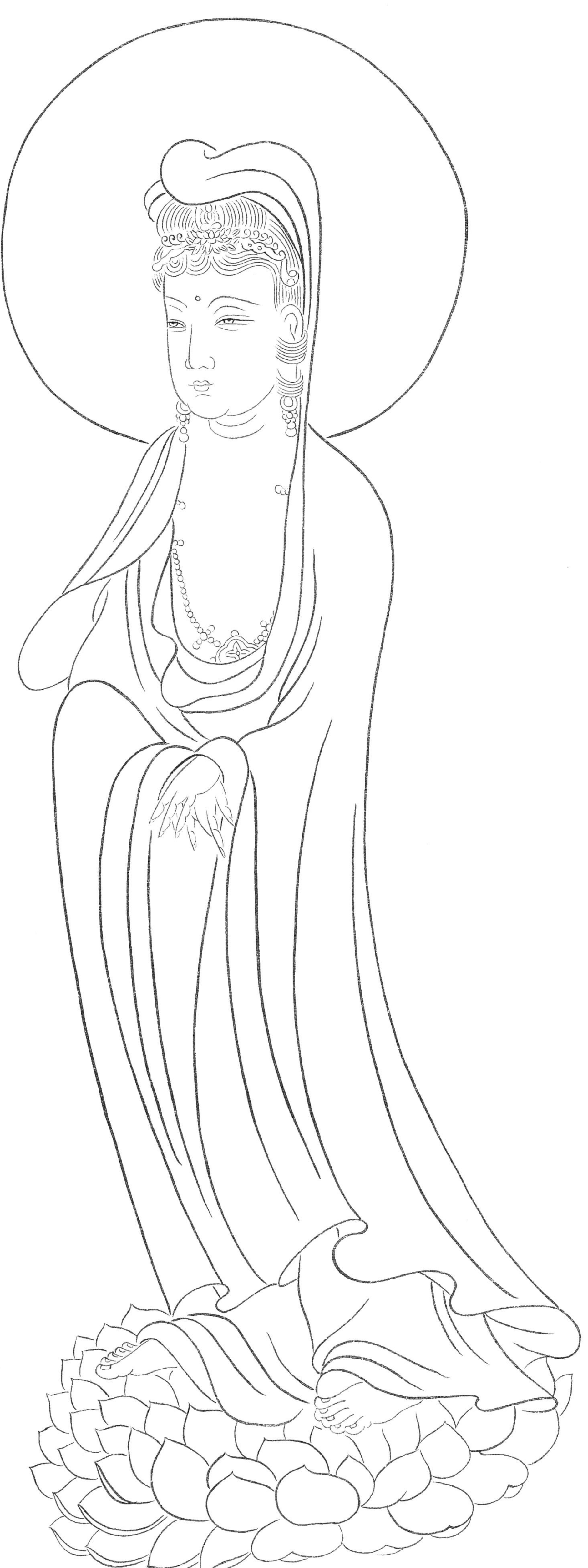

一五四、觀音大士之一

一五五、觀音大士之二

一五六、觀音大士之三

二十、施藥觀音

三十三觀音之一。因其爲衆生消除苦痛，謀取治病藥草而得名。《法華經》中記載：即使衆生被困，蒙受無限境地痛苦，觀音也會使出妙方，傾全力救助天下蒼生，使他們能免於一切災禍。施藥觀音聖像特征是：觀音趺坐於臨水岸邊，右手支撑臉頰，左手扶腰，凝視水中蓮花，即悠静又文雅。另有一種造像是：右手拄頰沉思，左手放在膝上或倚於膝上，手中持藥草或蓮花，表現施藥觀音無時不在惦念世間疾苦，考慮拯救衆生。上述二種法相并不直接表現診病送藥，而著力表現菩薩的思緒，菩薩的沉思狀態，有關觀音化施藥治病的故事，民間流傳不少。《觀音菩薩傳》記載：山東登州府，疫癘盛行，死亡相繼，時值炎夏，凄慘萬狀。觀音得知此病只有霍香可治，遂化爲老漢入山采到此藥，然後背藥到集市上無賞施診給藥。藥到病除，不知救活多少性命，疫氣全消後，觀音示現給智林寺伏曇法師，將靈方傳授給他。伏曇法師即將此情告知人們，大家才知道是觀音菩薩化身救難，遂各自捐金建起觀音庵，内塑觀音菩薩法相，香花供養，虔誠禮拜。此法相與别處基本相同，但手中拿的不是净瓶楊柳，而是拈著一枝藥草，所以世人稱其爲“施藥觀音”。有的學者認爲，此尊觀音名爲施藥，頗爲費解，當稱施樂觀音。究竟是“藥”，還是“樂”，尚待進一步研究。

一五七、施藥觀音

二十一、離欲觀音

二十五觀音之一。離欲，謂離開貪欲。欲，意爲希求、欲望。《俱舍論》卷四：欲，謂希求所作事業。《大乘廣五蘊論》中載："云何欲？謂可愛樂事，希望爲性。受樂事者，所謂可愛見聞等事，是樂願希求之義，能與精進所依爲業。"衆生有五欲，即爲追求色、聲、香、味、觸五境而起的五種欲，一爲財欲、二爲色欲、三爲飲食欲、四爲名欲、五爲睡眠欲。佛教把五欲看作衆生流轉生死的直接原因。《大智度論》卷十七："衆生常爲五欲所惱，而猶求之不已。此五欲者得之轉劇，如火炙疥……爲之後世受無量苦。"貪"五欲"者，便成了貪，此乃三毒之一。三毒是貪、嗔、痴。毒中毒，還過三毒，修學佛法的人，主要是斷除三毒。《觀音經》說："净於三毒根，成佛道無礙。"衆生要想真正離欲，即離開貪財、貪色、貪食、貪名、貪眠，唯有"一心稱名"觀世音菩薩。《法華經·普門品》中載："若有衆生多欲淫欲，常念恭敬觀世音菩薩，便得離欲。"離欲觀音法相特征如下：一、立於蓮座或蓮花之上，雙手作解脱印或者除障印，此爲立相。二、坐於岩石上，作自在坐，足踏蓮花，手持經卷，目視海水，仿佛在傾聽衆生的呼唤聲，此爲坐相。

一五八、離欲觀音

二十二、寶印觀音

寶印觀音又稱玉印觀音、寶印觀自在菩薩、掌印觀音、智印觀音。印是印記、標志、印章，中國人將帝王之印稱爲“寶”，沿用到佛教中，亦稱寶印。千手千眼觀音中，有寶印手，又稱智印手，此手喻：成就大辯才。四川大足石刻中，有宋代寶印觀音之造像。北山第136號轉輪經藏窟主像左臂有一尊坐姿寶印觀音，像高一三七公分，觀音頭戴花冠，結跏趺坐於金剛寶座之上，菩薩面容莊嚴慈祥，衣飾華麗，裙帶飄拂，右手持寶印舉於胸前。北山第108號十三觀音變相窟有一尊立姿寶印觀音，位列第四尊，像高一九十公分，頭戴寶冠，冠中有化阿彌陀佛，雙手持寶印於胸前。《觀世音菩薩傳》所載《觀自在八相》中有一尊“寶印觀自在菩薩”（位列第七），其法相特征如下：一身三面六臂，三面皆呈慈悲狀，六臂者，分別持寶印、鈴鐸（即寶鐸）、幢幢、寶劍、寶鏡、蓮花。此乃迅奮之相也，可驅馳三界。《大悲心陀羅尼經》中有“摩囉那囉”梵語，此乃觀世音菩薩示現寶印王菩薩相。菩薩告訴衆生，無論天地的神祇以及一切衆生，凡修大道者，均可如意得金剛佛禮，永久堅固不壞的真言。菩薩指點世人，要能修得大道，最重要的是能清净自己的身心，以六度萬行爲日常生活的基本准則，修道人必須勤勉力行，才能體悟其般若妙用。

一五九、手印觀音

一六〇、大足玉印觀音

二十三、彌陀净土觀音

彌陀净土觀音菩薩，可以説是一切觀音的本位，是最重要的觀音菩薩。

在《佛説觀無量壽佛經》中説：菩薩身長八十萬億那由他恒河沙由旬，身上皮膚的顔色是紫金色，頂上有肉髻，頭上有毗楞伽摩尼寶製成的天冠。特别是天冠中有一尊立佛，高有二十五由旬；眉間白毫相具足七寶顔色，演流出八萬四千種光明，每一光明中亦有無數化佛，每一化佛又各有五百化菩薩；無量諸天作爲其侍者，全身光明中，示現有六道衆生的一切色相，其變現自在、能遍十方世界。

菩薩的臂如紅蓮花色，有八十億光明以爲瓔珞，在瓔珞中普現一切諸莊嚴事。手掌也有五百億雜蓮花色，雙手十指的一一指端，有八萬四千畫，猶如印紋；一一畫有八萬四千色，一一色有八萬四千光，其光柔軟，普照一切，以此寶手接引衆生；舉足之時，足下有千輻輪相，自然化成五百億光明臺；下足時有金剛摩尼華布散一切，無不彌滿。

觀音的形象圓滿具足，與佛没有差别，只有頂上的肉髻以及無見頂相不如佛陀。

爲了接引衆生往生西方極樂世界，觀世音菩薩亦有此金剛蓮臺的形象，并無局限以何種姿勢、何種手印爲定型，而是隨衆生需要的因緣來示現，所以在不同的經典中，亦會描繪出不同的形態。

一六二、清净觀音之一

一六二一、清净觀音之二

一六三、清净觀音之三

一六四、清净觀音之四

一六五、一念清净觀音

一六六、坐像觀音

203

一六七、如意觀音

一六八、大足如意觀音

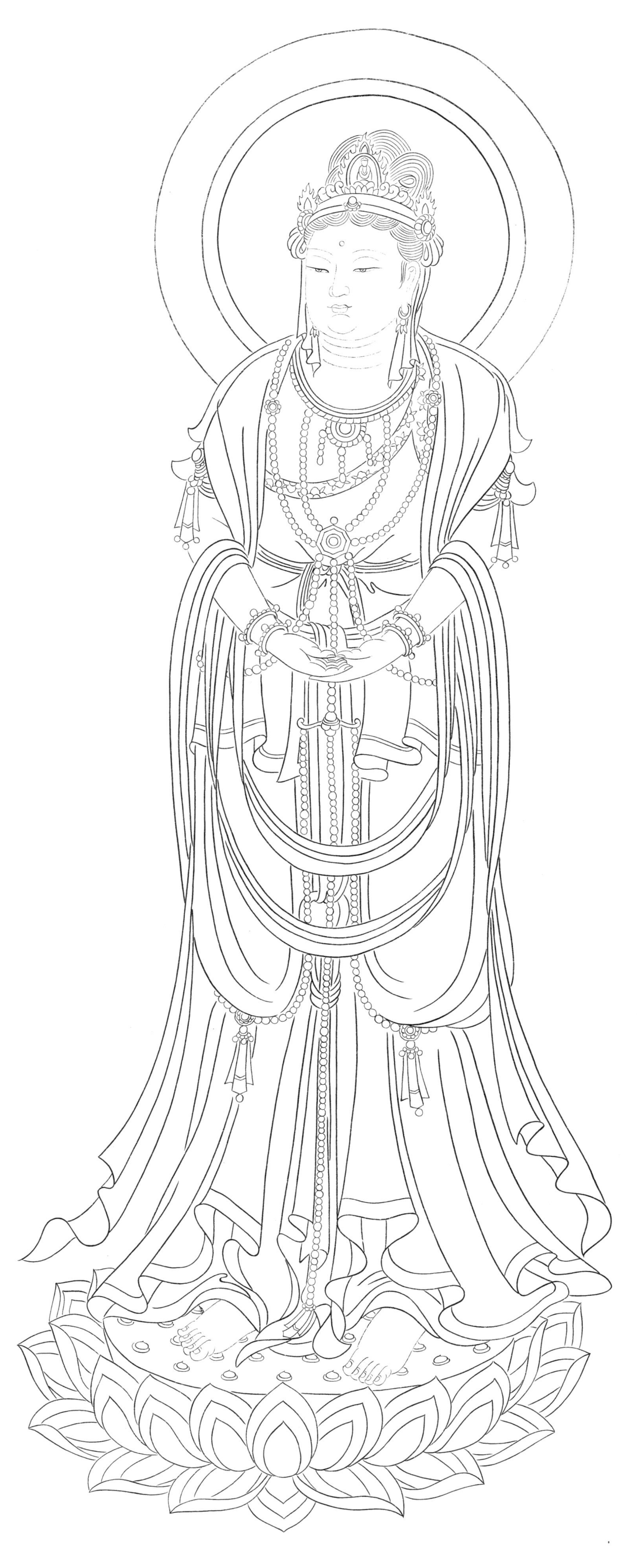

一六九、定慧觀音之一

一七〇、定慧觀音之二

207

一七一、吉祥觀音

二十四、是誰堅定了觀世音的誓願

觀世音菩薩曾發誓要度盡衆生，但因見到無數人在六道輪回而起了退心，結果頭顱立刻裂爲碎片。那么是誰堅定了觀世音的誓願呢？

觀世音菩薩在印度南方普陀洛迦山修道之初，發誓説："我要讓每個人都解脱生死輪回，只要有一個人無法解脱，我也不會放弃。如果我違背了誓言，我的頭顱將碎裂爲千片。"阿彌陀佛對觀世音説："這真是個了不起的誓願，我和三世諸佛也因這個普度衆生的誓願而覺悟，我將協助你完成這個誓願。"立刻，觀世音軀體放出六種奇異的光芒，白、緑、黄、藍、紅、黑，分别照耀天、阿修羅、人、畜生、餓鬼和地獄等六道衆生。

觀世音在山頂環顧世間衆生，看到還有無數人在六道輪回中，他心生氣餒地説到："世人的苦厄是與生俱來的，只要世間存在一天，苦厄就存在一天。如果無法斷絶苦厄，怎樣才能度盡一切蒼生呢？看來當年的誓願是自尋苦惱，不能完成了。還要白費力氣嗎？還不如現在就回轉極樂世界去呢！"當即觀音違背誓言的結果就應現了，他的頭顱立即碎裂成千片。此時阿彌陀佛對觀音説："你千萬不可違背誓言！不然，你所做的一切善行，都將變成虚妄。只要繼續教化衆生，必定能完成你的誓願。十方三世所有的佛菩薩都會幫助你成就圓滿。"阿彌陀佛發揮超大力量將碎裂的觀音頭顱重整變成十一面，并長出千只手。每一手掌心有一眼，象征着賢劫千佛。觀音的頭頂也生起一座化佛相，就是阿彌陀佛。

阿彌陀佛又説真言："唵嘛呢唄美吽"，觀音聽後立刻得到大智慧，剛强起來，再也没有産生軟弱後退之心。阿彌陀佛以神力堅定觀音的誓願，因此，直到現在觀音仍以大悲關懷蒼生。

一七二、觀世音菩薩

一七三、福慧觀音

一七四、莊嚴觀世音菩薩

一七五、禪定觀音之一

一七六、禪定觀音之二

二十五、與甘露觀音

二十五觀音之一。與甘露觀音又名甘露王觀音、甘露王菩薩。千手千眼觀音中有一“甘露手”，此手喻：爲求生梵天者，甘露：甜美之露水也。古代中國人認爲“天下太平，則天降甘露。”佛教沿用之，但注入了許多新的内容。《法華文句》説：“甘露是諸天不死之藥，食者命長身安，力大體光。”《維摩經注》説：“什曰：諸天以種種名藥著海中，以寶山磨之，令成甘露，食之得仙，名不死藥。生曰：天食，爲甘露味也，食之長壽，遂號爲不死藥也。”佛陀常以甘露喻不生不滅的妙法，妙法能滋潤衆生，所以譬之如雨。甘露亦喻佛法。《妙法蓮華經·藥草品》記載：“爲大衆説甘露法”，觀音菩薩手持净瓶，瓶为盛有取之不盡、用之不竭的甘露水。甘露水又名净水，象征净化身心，觀世音菩薩以甘露水灑向人間，或救旱灾而降雨，或除病害而降魔。《法華經·普門品》曰：“悲體戒雷震，慈意妙大雲，樹甘露法語，滅除煩惱焰。”説明觀音灑向人間的甘露不謹是爲久旱不雨之地降雨减灾，而且還用甘露法雨滅除衆生煩惱之火焰。苦海中的衆生具有煩惱，而且煩惱熾燃，如同火焰一般，用其他東西，没有辦法可滅衆生的煩惱之焰，唯有觀音菩薩的甘露法雨，始能令諸衆生，滅除煩惱火焰，而達不生不滅的清净世界。《大悲心陀羅尼經》中有“薩婆阿他·豆輸朋”之梵語，此是觀世音菩薩現甘露王相。民間供奉的與甘露觀音法相與灑水觀音基本相同：女相，大海之中，菩薩立於蓮花上，右手持净瓶，將甘露水灑向芸芸衆生，左手持楊柳。另有一種甘露王觀音造像，觀音雙手捧瓶，將甘露法雨灑向人間。

一七七、雲海觀音

一七八、乘雲觀音

一七九、雲中觀音之一

一八〇、雲中觀音之二

一八一、雲涌觀音之一

一八二、雲涌觀音之二

二十六、觀音菩薩

觀音菩薩，梵名爲阿縛盧枳底濕伐羅，舊譯爲光世音或觀世音，新譯爲觀世自在或觀自在，密號爲正法金剛或清净金剛。他能觀察諸法，自由自在，給一切功德與一切衆生，使之脱離苦海，得到快樂，故稱爲觀自在。

觀音菩薩在中國民間受到最普遍、最廣泛的信仰，在佛教各種圖像中或造像中，觀音菩薩的像也最爲常見，而且種類繁多，變化也極大。因此將觀音菩薩作一總的叙述。在佛教中，觀音菩薩是西方極樂世界教主阿彌陀佛的上首菩薩，與大勢至菩薩一起，是阿彌陀佛的左右脅侍，合稱爲西方三聖。

觀世音，是指世間衆生在碰到各種困厄灾難時，只要信奉觀世音菩薩，一心專念觀世音菩薩名號，這時他就會觀其音聲而來解救，使受難衆生及時得以脱困，所以稱爲觀世音。

佛教記載觀世音菩薩的經典很多，最爲流行的要數《法華經》中的《觀世音菩薩普門品》。這一品中叙述了觀世音菩薩大慈大悲、救度衆生的功德和能力，因此這部經剛譯出不久，這一品就被人們廣爲傳抄，單獨流行，并被稱爲《觀音經》。經中記載，觀世音是一位大慈大悲救苦救難的菩薩。如果有衆生遭受水火刀兵之灾，只要稱念觀世音名號，就火不能燒，遇水淹即得到淺處。如有遇刀兵相加，或有牢獄之灾，只要稱其名號，就能逢凶化吉，遇難呈祥。觀世音菩薩能給處於危難之中的衆生無畏的力量，使他們不畏恐懼。經中還説：觀世音菩薩能顯現各種化身，説法救度衆生。如有衆生應以佛身得度，觀世音菩薩即現佛身去救度，若應以羅漢身得度，他就現羅漢身去説法。還能隨時以國王身、宰官身、居士、長者、比丘、比丘尼、男女老少等各種不同身份，隨機應化，宣説佛法，點化衆生。

大約在兩晋之際，觀音菩薩的信仰就已經在社會上流行。到了南北朝，由於頻繁的戰亂，社會動蕩的原因，觀世音菩薩大慈大悲，救苦救難，在當時得到了更爲廣泛的信仰和傳播。而且還出現了一些專門宣揚觀世音的靈感故事和書籍，如南朝劉義慶編的《宣驗記》，等等。

在佛教各種菩薩像中，觀世音菩薩的形象種類最多，一般説來，當他和大勢至菩薩一起脅侍阿彌陀佛（即西方三聖）時，觀音菩薩多頭戴寶冠，冠上有化佛阿彌陀佛像。其他形象和衣飾則與其他菩薩没多大差别。中國佛教寺院中，大雄寶殿供奉的主尊背後，常常塑有海島觀音，觀音站立在鰲頭之上。有時觀音像旁，還畫有一個童子像。童子面向觀音，雙手合十，作禮拜狀，即所謂《童子拜觀音》。這是根據《華嚴經·入法界品》中所説：善財童子由文殊菩薩指點，先後參拜五十三位大善知識而創作。這其中第二十七位即是觀音菩薩，這種像在中國民間十分流行。

密教的經典往往又把一些密咒和觀音像聯繫在一起，還規定了持誦這些密咒相應的儀軌，以及需要禮拜供奉的觀音形象。由此産生了密宗六觀音、七觀音之説法，這些觀音中主要有馬頭觀音、千手觀音、十一面觀音、不空羂索觀音、准提觀音、如意輪觀音等，這些又都是正觀音或聖觀音的化身。

漢族地區的觀音在長時間的流傳過程中，更是發生了種種變化。人們多是根據自己的願望和喜好，塑造了許多富有民族特點的，符合人們審美和欣賞的心理情趣，而創造出各式各樣的觀音，如白衣觀音、楊枝觀音、馬郎婦觀音、送子觀音等。有典故并被人熟知的就有三十三觀音、大悲咒八十四觀音，普門示現觀音，等等。宋代以後所作的觀音多是根據妙荘王三公主妙善出家修成觀音説法，而按中國古代仕女形象而繪出的觀音形象，以至後來這種女性觀音成了主流。

一八三、觀音半身像

一八五、甘露丸觀音

225

一八六、白水精觀世音

一八七、施供養觀音

一八八、靈感觀世音菩薩

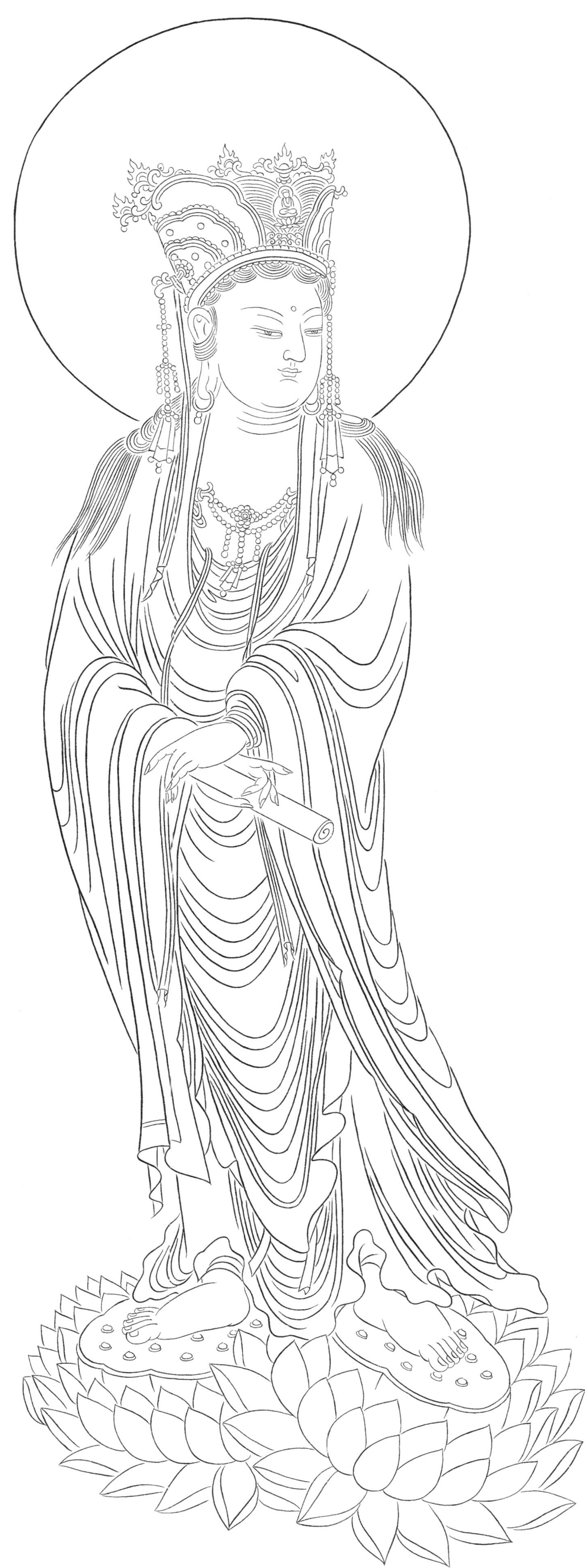

一八九、南無大慈大悲觀世音菩薩

一九〇、廣大靈感觀世音菩薩

一九一、妙音示現觀音

一九二、離塵垢觀音

一九三、普慶有餘觀音

一九四、無刹不現身觀音

一九五、卒都婆觀音

一九六、現身說法觀音

一九七、妙吉祥觀音

一九八、普智觀音

一九九、除熱惱觀音

239

二〇〇、施滿願童子觀音

二〇一、一念感應觀世音

二〇二、施妙觀音之一

二〇三、施妙觀音之二

二〇五、大悲觀世音菩薩

二〇六、俱寂觀音

二〇七、海上觀音

二〇八、菩提葉觀音

二〇九、朝禮觀音

二一〇、降龍觀音

二十七、觀音的住處

《華嚴經·入法界品》告訴我們：觀世音菩薩的殊勝道場就在普陀洛迦山。

第一個拜訪觀音道場，親自前往求法參學的是善財。當時，善財童子正在雲游南印度，展開學習佛法之旅。他在南行中，分別向五十三位善知識求道。當他來到印度最南端莫科林岬附近，一位鞞瑟胝羅居士告訴他“南方有座普陀洛迦山，山中有位觀自在菩薩，你可以向他請教菩薩道。”善財童子按照居士的話，來到普陀洛迦山尋找這位大菩薩。山路崎嶇，就在這山西面泉流林郁的岩谷之中，看見觀自在菩薩結跏趺坐在金剛寶石上，有許多菩薩恭敬圍繞身旁，聽他説法。

善財童子頂禮過後，也恭敬地加入，向觀自在菩薩問法。這是經典中第一次提到觀音的住處。“普陀洛迦”原意爲“光明之樹”，因此又稱作“小樹莊嚴山”或“光明山”。

在《千手千眼觀世音菩薩廣大圓滿無礙大悲心陀羅尼經》中這樣對觀音聖地進行描述：“一時佛在普陀洛迦山，觀世音宫殿，寶莊嚴道場中，與無央數菩薩，無量大聲聞，無量天龍八部神等，皆來集會。時觀世音菩薩放神通光明，照耀十方刹土，皆作金色，日月之光，皆悉不現。”

在《大唐西域記》中記載：秣羅矩咤南方有座秣剌耶山，東方有座布呾洛迦山，此山山徑危險，山頂有池，其水澄澈如鏡，有大河繞山周流二十匝，流入南海。池旁有石天宫，觀自在菩薩往來游息。能發願者如見菩薩，不顧身命，涉水登山，忘其險難，到此山者甚少。唯山下居士，若虔心求瞻視菩薩，則菩薩或現自在天身，或現塗灰外道身，慰喻此人，得遂其願。

普陀洛迦山被定爲現今印度西高止山南段，秣剌耶山以東的波那桑山，位於提納弗縣境，北緯八度四十三分，東經七十七度二十二分的地方。藏族僧人多羅那他的名著《印度佛教史》説：“優婆塞寂光、月宫，曾到此山巡禮。”

現在，由於年代久遠，對於印度普陀洛迦山的確切位置，學術界仍有爭議。不過，普陀洛迦山所在的莫科林岬角現在是聲名遠揚的夕陽盛景，游客絡繹不絶。眺望美麗的印度洋，隨着夕陽西下的方向，正是人心向往西方極樂世界的入口。人們相信這就是觀音菩薩的殊勝住所。

二一一、普渡衆生離苦海

二一二、苦海常作度人舟

二一三、觀音大士悉號圓通

二一四、光明遍照觀音

二一六、有感即通觀世音菩薩

二一七、垂福於人天觀世音菩薩

二一八、度一切苦厄

二一九、慈悲濟物即觀音

二二一〇、慈悲靈感觀音

二三一、觀音菩薩妙難酬之一

二三二、觀音菩薩妙雜酬之二

二二三、足下祥雲遍五洲

二二四、千處祈求千處應

二二二五、具足神通力無刹不現身

二二六、莊嚴慈相妙真容

二二七、吉慶有魚觀世音

二二一八、成就福田觀音

二二九、苦海渡迷津觀音

二十八、觀音的宮殿

“布達拉”是梵文“普陀洛迦”的音譯，意爲持舟山，藏族人稱它爲“孜布達拉”或簡稱“孜”，即宮殿之意。藏族有句諺語稱：布達拉，佛之樂園，觀世音的宮殿。

最早的布達拉宮是松贊干布王在公元五八一年左右建造的。當時的宮殿不像現在這般宏偉華麗，到了十七世紀末，達賴喇嘛在位時，一個執掌權力的僧人“松革吉雅妙若”繪出一幅宮殿改建圖，手法非凡，鼓舞了全藏人民一起來改建宮殿，在十八世紀順利建造成今日所見雄偉的布達拉宮。

高聳入雲的布達拉宮顯示了“超越塵世，靈魂脱俗，浮於衆生”的佛教思想。它既是藏傳佛教神聖的象征，又是西藏過去政教合一權威的象征。整個建築底部以白色爲襯托，代表世俗；中央主體爲暗紅色，代表僧侣；頂部爲金頂和黄銅鎏金。這既反映出僧俗分明，又反映出僧俗一體，突出了佛教的重要地位和西藏過去政教合一的社會特征。

布達拉宮的中央稱爲赤王宮，高聳的壁上能放出紫紅光芒；佛殿上的靈塔金壁輝煌，如同摩天大樓一般壯麗。該宫法王殿上有一個小佛舍，安置有純金的觀世音菩薩聖像。觀音菩薩是西藏的守護主，藏族人民相信世界猶如一朵蓮花，拉薩就是蓮花的中心，是觀音的净土，觀音就居住在布達拉宫。達賴喇嘛被視爲觀音的化身，在人間傳菩薩道，因此達賴喇嘛住在布達拉宫。

在全世界各地有很多著名的觀音道場，除了印度的普陀洛迦山、中國的普陀山、布達拉宫外，還有斯裏蘭卡的普德蘭港、日本紀伊的普陀洛、韓國的洛山等，還有一些隱藏的地方。哪個道場最爲重要呢？其實我們不一定要去某一特定的觀音寺廟朝拜和祈求保佑，所謂“佛在心中莫遠求”、“千處祈求千處應”，太虚大師曾説：“清净爲心皆普陀，慈悲濟物即觀音。”到聖地去朝拜觀音是虔敬心的表達，但若執着於會毁朽的聖地寶殿，就誤解了信仰觀音的本意。

二三〇、觀音草稿

二三一、泥中之蓮

二三二、嗡嘛呢叭彌吽

二三三、瑞鶴觀音

二十九、觀音與中國南海普陀山

印度有個普陀洛迦山，中國也有個普陀山，是中國人親近觀音的殊勝道場。普陀山位於錢塘江口，浙江省定海縣舟山群島東南部海域。普陀山是中國佛教四大名山之一。它既有悠久的佛教文化，又有迷人的海島風光，古人稱之爲“海天佛國”“人間第一清净境”。山上的“不肯去觀音院”很有名，是普陀山寺的創建始祖。

“不肯去觀音院”的典故記載在《普陀山志》中，公元九一六年，后梁貞明二年，日本僧人慧鍔到五臺山參拜文殊道場，看見一尊觀世音大士聖像，清净莊嚴，想請回日本供養，又怕該寺主持不肯，於是偷偷地將這尊聖像請走了。慧鍔得到這尊聖像之后，立即買船東渡，准備回國。當這條船駛進浙江定海舟山群島新邏礁的地方，忽然海洋中涌現出鐵蓮花，擋住航道。如此三日三夜，船無法開出，只能繞着普陀山四周打轉。慧鍔見此奇異景象，當即跪在聖像前面求懺悔説：“大士，弟子因菩薩聖像莊嚴，我國佛法未遍，聖像少見，所以想請聖像回國供養。如果因我是不與而取的，或我國衆生無緣供養，弟子就在此地建立精舍，供養聖像。”慧鍔懺悔完畢，船立刻飛速的駛到潮音洞邊，安然停下。

慧鍔登山后，在潮音洞附近，找到一家漁民的茅舍，見舍主張翁説明來意。張翁歡喜異常地説：“菩薩願意住在這個荒山孤島，説明與我們太有緣了。就請師父和菩薩一并住在這裏。我把房子讓出來築庵供奉菩薩，將全山民衆召集起來參拜菩薩。”慧鍔也就不回日本，在山上築庵安住。民衆稱此庵爲“不肯去觀音院”，慧鍔成爲普陀山第一代開山祖師。從此普陀山成爲我國著名的觀世音菩薩道場，而大慈大悲救苦救難廣大靈感觀世音菩薩，便成爲家喻户曉的大菩薩了。

普陀山作爲中國佛教四大名山之一，與文殊菩薩的五臺山、普賢菩薩的峨嵋山、地藏菩薩的九華山，齊名并列爲近代中國最大的佛家道場。來自亞洲各地，如朝鮮、日本、越南、泰國等的外國旅行者，經過此地，遇到苦難時，都會向觀音祈禱。時間久了，朝拜的人漸漸多了，寺院也就越建越多，後來更名普陀山。明、清時普陀山的香火最爲鼎盛，共建有八十八座庵院、一百二十八處茅棚、僧衆三千人，達到了“見舍是庵、遇人即僧”的盛况。其中，普濟、法雨、慧濟三寺規模最大，世稱“普陀三大寺”。

普陀山是中國人心目中的觀音聖地，每年三節：二月十九日、六月十九日觀音成道日以及九月十九日觀音涅槃日，普陀山都舉行盛大法會，各地朝山信衆多達數十萬之衆，可見香火之鼎盛。

二三四、普陀洛迦山觀音

277

二三五、觀音比丘

二三六、觀音渡海圖

二三七、飛天觀音

二三八、倒坐觀音像

二三九、七字觀世音菩薩

二四〇、神獸觀音圖

二四一、觀音馴獸圖之一

二四二、觀音馴獸圖之二

二四三、觀音馴獅圖

二四四、大足石刻寶珠觀音

二四五、倒駕慈航

跋

五十知天命，我已進入這個階段。三十多年的寺廟生活，我體會到了什么呢？慨嘆萬千。按理説，佛教進入中國兩千多年，各方面對中國人的影響，已根深蒂固，滲入到各階層人士的生活、習慣、語言、文化藝術等方面，特别是在人生哲學、心理感受方面，更是不可或缺的重要成份。而我的感覺確非常複雜、矛盾，既不能離群獨在，又不願和光同塵，非常尷尬，這大概是自己骨傲的業力所感吧。

幾十年的佛教生活和學習，原想在講經弘法方面進行努力，已准備放弃的繪畫，因緣時至，却成了主業，一幹就是三十多年。前些年只是准備畫一百幅觀音，并於一九九七年在深圳博物館舉辦了百幅觀音寶相畫展。但又發現，兩千多年的漢傳佛教在諸多方面都有巨大的貢獻和成就，佛教藝術猶甚。像敦煌、龍門、雲岡、房山石經等，都無可争辯地成爲了我們現代人的巨大精神資糧和現實財富。又細心觀察這巨大的藝術製作工程背后，確缺少一套理論和形象係統。比如説，我們常在經中念誦到的六大菩薩、八大菩薩、十二圓覺菩薩、五十二個階層菩薩、五方佛、七寶如來、八十八佛，等等，有的是有名没形象，有的是缺少其中的一兩個。總的來説，漢傳佛像至今没有一套既有形象又有理論的係統佛教圖像書籍，身爲佛子，使命感使我全身心地投入到佛菩薩畫像的研究當中，以至身心憔悴、精疲力竭，始知千百年的歷史積澱中，僅靠個人的投入，實是杯水車薪、困難重重，簡直就是愚公移山。佛教講因緣，這也可能是自身的福德不够，閱歷尚淺之故吧。承蒙廣大善信的殷切希望，大力支持，使我明知力所難及，還是執意而爲。正如弘一法師所説："君子之交，其淡如水。執象而求，咫尺千里。問余何適，廓爾亡言。華枝春滿，天心月圓。"三十多年的艱辛努力，總算階段性地將三百幅彩圖、一千五百幅綫描佛菩薩畫像奉獻給社會大衆，我深知這裏面還有許多紕漏和差距，要在今後的繪畫和編寫中再進行努力。此舉意在唤醒社會大衆，爲有志於在佛教藝術方面進行探討和研究的人們鋪設一塊基石，提供一層臺階，也算盡了我一個佛子的心願。

此次畫册能够得以圓滿完成，首先要感謝古往今來的歷代藝術家們，像壁畫、版畫、插圖、雕塑等，爲我們留下了無比豐富的資料，使我們能够在繪編諸佛菩薩聖像過程中，沿着歷史的脉搏，得到繼承和發揚。書中使用了歷代和現代藝術家的圖像和文字資料，由於資料繁雜，難以一一向他們表示感謝，在此謹向他們表示深深的歉疚，并向他們致以崇高的敬意。爲此，本人所繪編的一切書籍文字資料不留版權，任何人，任何地方都歡迎使用。

最后向幫助出書和辦畫展的深圳金活醫藥集團董事主席趙利生先生及全家，并向長期給予關懷和幫助的深圳、濟南的衆善信，向王少軍、李艾俊、韓永元、劉冥希、吴建利等一大批善心仁者，表示衷心感謝。

圖版目録

一　敦煌觀音系列之一　初唐觀世音菩薩…… 13
二　敦煌觀音系列之二　中唐觀世音菩薩…… 14
三　敦煌觀音系列之三　觀世音菩薩…… 15
四　敦煌觀音系列之四　十一面觀音…… 16
五　敦煌觀音系列之五　初唐菩薩…… 17
六　敦煌觀音系列之六　初唐觀音菩薩…… 18
七　敦煌觀音系列之七　唐大士像…… 19
八　敦煌觀音系列之八　初唐供養菩薩…… 20
九　敦煌觀音系列之九　初唐供養菩薩…… 21
一〇　敦煌觀音系列之十　唐大士像…… 22
一一　南無觀世音菩薩…… 23
一二　敦煌觀音系列之一　唐代觀世音菩薩…… 25
一三　敦煌觀音系列之二　觀世音菩薩…… 26
一四　敦煌觀音系列之三　初唐觀音菩薩…… 27
一五　敦煌觀音系列之四　初唐觀世音菩薩…… 28
一六　敦煌觀音系列之五　中唐觀世音菩薩…… 29
一七　敦煌觀音系列之六　盛唐觀世音菩薩…… 30
一八　敦煌觀音系列之七　初唐觀世音菩薩…… 31
一九　敦煌觀音系列之八　盛唐觀世音菩薩…… 32
二〇　敦煌觀音系列之九　唐代菩薩…… 33
二一　敦煌觀音系列之十　盛唐觀世音像…… 34
二二　敦煌觀音系列之十一　盛唐觀世音菩薩…… 35
二三　敦煌觀音系列之十二　初唐觀音菩薩…… 36
二四　敦煌觀音系列之十三　初唐觀音菩薩…… 37
二五　敦煌觀音系列之十四　觀音菩薩…… 38
二六　敦煌觀音系列之十五　盛唐觀音菩薩…… 39
二七　敦煌觀音系列之十六　盛唐觀音菩薩…… 40
二八　敦煌觀音系列之十七　盛唐觀音菩薩…… 41
二九　敦煌觀音系列之十八　晚唐大士像…… 42
三〇　敦煌觀音系列之十九　盛唐觀世音菩薩…… 43
三一　敦煌觀音系列之二十　初唐觀音菩薩…… 44
三二　敦煌觀音系列之二十一　盛唐觀音菩薩…… 45
三三　敦煌觀音系列之二十二　盛唐觀音菩薩…… 46
三四　觀自在菩薩…… 49
三五　行深般若波羅蜜多時…… 50
三六　照見五蘊皆空…… 51
三七　度一切苦厄…… 52
三八　舍利子…… 53
三九　色不異空，空不異色…… 54
四〇　色即是空，空即是色…… 55
四一　受想行識，亦復如是…… 56
四二　舍利子，是諸法空相…… 57
四三　不生不滅，不垢不净，不增不減…… 58
四四　是故空中無色…… 59
四五　無受想行識…… 60
四六　無眼耳鼻舌身意…… 61
四七　無色聲香味觸法…… 62
四八　無眼界，乃至無意識界…… 63
四九　無無明，亦無無明盡…… 64

圖版目録

五〇　乃至無老死，亦無老死盡…… 65
五一　無苦集滅道…… 66
五二　無智亦無得…… 67
五三　以無所得故…… 68
五四　菩提薩埵，依般若波羅蜜多故…… 69
五五　心無掛礙…… 70
五六　無掛礙故，無有恐怖…… 71
五七　遠離顛倒夢想…… 72
五八　究竟涅槃…… 73
五九　三世諸佛，依般若波羅蜜多故…… 74
六〇　得阿褥多羅三藐三菩提…… 75
六一　故知般若波羅蜜多，是大神咒…… 76
六二　是大明咒，是無上咒，是無等等咒…… 77
六三　能除一切苦，真實不虛…… 78
六四　故説般若波羅密多咒，即説咒曰…… 79
六五　揭諦揭諦波羅揭諦…… 80
六六　波羅僧揭諦，菩提娑婆訶…… 81
六七　一葉觀音之一…… 83
六八　一葉觀音之二…… 84
六九　一葉觀音之三…… 85
七〇　一葉觀音之四…… 86
七一　一葉觀音之五…… 87
七二　一瓣蓮花遨九州…… 88
七三　觀音與龍女…… 90
七四　童子觀音…… 92
七五　慈航普渡…… 93
七六　觀音收紅孩…… 94
七七　獅吼觀音像…… 96
七八　慈容五十三現之二現…… 97
七九　觀音菩薩與十八羅漢之一…… 99
八〇　觀音菩薩與十八羅漢之二…… 100
八一　觀音與四大天王…… 103
八二　魚背觀音之一…… 105
八三　魚背觀音之二…… 106
八四　觀世音菩薩之一…… 108
八五　觀世音菩薩之二…… 109
八六　觀世音菩薩之三…… 110
八七　觀世音菩薩之四…… 111
八八　觀世音菩薩之五…… 112
八九　觀世音菩薩之六…… 113
九〇　觀音圖…… 114
九一　民間繪觀音…… 115
九二　觀音卧像圖…… 116
九三　觀音菩薩像…… 117
九四　觀世音菩薩聖像…… 118
九五　南無大悲觀世音菩薩之一…… 120
九六　南無大悲觀世音菩薩之二…… 121
九七　南無大慈大悲觀世音菩薩之三…… 122
九八　南無觀世音菩薩之一…… 123

圖版目録

九九　南無觀世音菩薩之二……124
一〇〇　南無觀世音菩薩之三……125
一〇一　南無觀世音菩薩之四……126
一〇二　南無觀世音菩薩之五……127
一〇三　南無觀世音菩薩之六……128
一〇四　南無觀世音菩薩之七……129
一〇五　南無觀世音菩薩之八……130
一〇六　南無觀世音菩薩之九……131
一〇七　觀音變現圖……132
一〇八　觀音變相圖……133
一〇九　吴道子碑刻觀音……135
一一〇　唐代觀音……136
一一一　持幡觀音菩薩立像之一……137
一一二　持幡觀音菩薩立像之二……138
一一三　仿宋木雕觀音座像……139
一一四　宋賈師古繪觀音……140
一一五　敦煌宋代觀音……141
一一六　敦煌元代觀音之一……142
一一七　敦煌元代觀音之二……143
一一八　明代仇英繪觀世音菩薩……144
一一九　仿寶寧寺水陸觀音……145
一二〇　仿明丁雲鵬繪觀音大士像……146
一二一　仿清項醇繪觀音……147
一二二　仿清華喦繪多臂觀音……148
一二三　紅色不空羂索觀音菩薩……150
一二四　不空羂索觀音之一……151
一二五　不空羂索觀音之二……152
一二六　不空羂索觀音之三……153
一二七　不空羂索觀音之四……154
一二八　持蓮觀音之一……156
一二九　持蓮觀音之二……157
一三〇　持蓮觀音之三……158
一三一　持蓮觀音之四……159
一三二　持蓮觀音之五……160
一三三　持蓮觀音之六……161
一三四　雲中持蓮觀音……162
一三五　大足荷花觀音……163
一三六　龍頭觀音之一……165
一三七　龍頭觀音之二……166
一三八　乘龍觀音之一……167
一三九　乘龍觀音之二……168
一四〇　乘龍觀音之三……169
一四一　乘龍觀音之四……170
一四二　觀音乘龍法像……171
一四三　觀音戲龍圖……172
一四四　觀音乘龍圖……173
一四五　海龍王觀音……175
一四六　五帝龍王朝觀音……176
一四七　童子拜觀音之一……178

圖版目録

一四八　童子拜觀音之二…… 179
一四九　童子拜觀音之三…… 180
一五〇　觀音童子…… 181
一五一　童子朝見觀音…… 182
一五二　隨携幼童現大悲相…… 183
一五三　海上童子拜觀音…… 184
一五四　觀音大士之一…… 186
一五五　觀音大士之二…… 187
一五六　觀音大士之三…… 188
一五七　施藥觀音…… 190
一五八　離欲觀音…… 192
一五九　手印觀音…… 194
一六〇　大足玉印觀音…… 195
一六一　清净觀音之一…… 197
一六二　清净觀音之二…… 198
一六三　清净觀音之三…… 199
一六四　清净觀音之四…… 200
一六五　一念清净觀音…… 201
一六六　坐像觀音…… 202
一六七　如意觀音…… 203
一六八　大足如意觀音…… 204
一六九　定慧觀音之一…… 205
一七〇　定慧觀音之二…… 206
一七一　吉祥觀音…… 207
一七二　觀世音菩薩…… 209
一七三　福慧觀音…… 210
一七四　莊嚴觀世音菩薩…… 211
一七五　禪定觀音之一…… 212
一七六　禪定觀音之二…… 213
一七七　雲海觀音…… 215
一七八　乘雲觀音…… 216
一七九　雲中觀音之一…… 217
一八〇　雲中觀音之二…… 218
一八一　雲涌觀音之一…… 219
一八二　雲涌觀音之二…… 220
一八三　觀音半身像…… 222
一八四　拜塔觀音…… 223
一八五　甘露丸觀音…… 224
一八六　白水精觀世音…… 225
一八七　施供養觀音…… 226
一八八　靈感觀世音菩薩…… 227
一八九　南無大慈大悲觀世音菩薩…… 228
一九〇　廣大靈感觀世音菩薩…… 229
一九一　妙音示現觀音…… 230
一九二　離塵垢觀音…… 231
一九三　普慶有餘觀音…… 232
一九四　無刹不現身觀音…… 233
一九五　卒都婆觀音…… 234
一九六　現身説法觀音…… 235

圖版目録

一九七　妙吉祥觀音……236
一九八　普智觀音……237
一九九　除熱惱觀音……238
二〇〇　施滿願童子觀音……239
二〇一　一念感應觀世音……240
二〇二　施妙觀音之一……241
二〇三　施妙觀音之二……242
二〇四　普慈悲觀音……243
二〇五　大悲觀世音菩薩……244
二〇六　俱寂觀音……245
二〇七　海上觀音……246
二〇八　菩提葉觀音……247
二〇九　朝禮觀音……248
二一〇　降龍觀音……249
二一一　普渡衆生離苦海……251
二一二　苦海常作度人舟……252
二一三　觀音大士悉號圓通……253
二一四　光明遍照觀音……254
二一五　隨感而現觀音……255
二一六　有感即通觀世音菩薩……256
二一七　垂福於人天觀世音菩薩……257
二一八　度一切苦厄……258
二一九　慈悲濟物即觀音……259
二二〇　慈悲靈感觀音……260
二二一　觀音菩薩妙難酬之一……261
二二二　觀音菩薩妙難酬之二……262
二二三　足下祥雲遍五洲……263
二二四　千處祈求千處應……264
二二五　具足神通力無刹不現身……265
二二六　莊嚴慈相妙真容……266
二二七　吉慶有魚觀世音……267
二二八　成就福田觀音……268
二二九　苦海渡迷津觀音……269
二三〇　觀音草稿……271
二三一　泥中之蓮……272
二三二　嗡嘛呢叭彌吽……273
二三三　瑞鶴觀音……274
二三四　普陀洛迦山觀音……276
二三五　觀音比丘……277
二三六　觀音渡海圖……278
二三七　飛天觀音……279
二三八　倒坐觀音像……280
二三九　七字觀世音菩薩……281
二四〇　神獸觀音圖……282
二四一　觀音馴獸圖之一……283
二四二　觀音馴獸圖之二……284
二四三　觀音馴獅圖……285
二四四　大足石刻寶珠觀音……286
二四五　倒駕慈航……287

鳴謝

趙利生　陳樂燊　王少軍　韓永元　朴勇妍
周　繼　王芳妮　趙蔚瑛　沈林潔　陳伯泉
譚　文　龔則熙　吴建利　陳少潮　李艾俊
鄭楚璇　趙風珍　張振越合家　翁振虎　李相民
孟憲紅　趙大智　闞文紅　孫櫻民合家　許宸銘合家